情報リテラシーのための図書館

日本の教育制度と図書館の改革

根本 彰

みすず書房

はしがき

アルゼンチン生まれの著述家アルベルト・マングェルの著作に『図書館——愛書家の楽園』（マングェル 2008）がある。この人はアルゼンチン国立図書館長も務めた作家、故ホルヘ・ルイス・ボルヘスと交友関係にあり、その影響を受けながら、幅広い読書に裏付けられた文学論、文化論、書物論を展開している。この本は単に利用者の立場から図書館史を祖述するのではなく、西欧社会で書物のコレクションがどのように形成され、維持されてきたのかを論じている。

これは私が図書館情報学を学び始めて以来、長いこと探し求めていた本だった。原題は、*The Library at Night*（夜の図書館）だ。書物と書物が織りなす知の関係が昼と夜で変わるといっている（マングェル 2008, p. 17）。

> （夜になると）私の目と手は整然と並んだ本の列のあいだを気ままにたどり、混沌を取り戻す。一冊の本が思いがけない別の本を呼びさまし、文化の違いと時代の壁を越えて、つながりが生ま

れる。ある本の一節から、記憶の片隅に押しやられていた一節が浮かび上がるが、その連想がどこから来るのか、昼の光の下では説明できない。朝の書斎が見通しのきくまっとうな世界秩序をあらわすとしたら、夜の書斎はこの世界の本質ともいうべき、喜ばしい混乱をことほいでいるように思える。

夜、書斎にいて手近な書物を手にとって読み始めると、新たな着想がどんどん湧いてきてそこで言及されている思想や作品を読みたくなる。以前に読んだものを夜に読み返すことによって別の記憶が喚起され、新たな知的関係のネットワークが生じて、読むたびに違う読み方が可能になるという。本書は、書物を読む行為をテーマにして、著者自身が他の書物と縦横無尽に交流しながら考察を深める行為を実践し記述している。これを可能にする場こそ夜の図書館というわけだ。

確かに、夜、人々が寝静まったあとに読むと新しい考えが湧いてくるというのは多くの人が体験している。だが、マングェルの本で紹介されている書斎は、自身のものも含めてまさに個人図書館と言えるような多数の蔵書をもつ大きなものが多い。そのような恵まれた書斎があるわけでもない人にとって、夜の読書は手の届かないぜいたくの部類に入るのだろうか。

実は、知のネットワーク関係は夜に限らず昼にも生まれている。私たちは、普段から書物がもたらしてくれるものが、読み手の過去の読書体験、それが置かれる場所、使う時間帯、上の段にあるのか下の段にあるのか、両隣にはどういう書物が置かれているか、どこで読むのかといった条件によって、違ってくることを経験している。こうした条件が夜になるとさらに密度を増し新しい関係をもたらすというのは理解できるが、関係は昼夜を問わず常に流動的に生じているのではないか。マングェル自身、夜の図書館というときに、読書家の視点から、そうした知のネットワークを駆使した読みを実践するための場というニュアンスを強調している。だから、この本でも個人のための書斎に限らず、図書館が多数紹介されている。西欧の図書館の多くは、そうした知的活動を活性化するために存在していることが示唆されている。

この本を出発点にして、私は「昼の図書館」について書こうと思った。日本での図書館は、最近でこそ著名建築家を起用してのユニークな建築物として表現する試みもあり、かつての勉強の場や資料を借りる場という理解とは一線を画する存在になりつつある。しかしながら、日本社会において図書館の社会的認知は明らかに遅れていた。それは、人々が、図書館のもつ知のネットワークをつくる機能になかなか想像が及ばなかったからではないだろうか。

マングェルの著作に先行するものとして、ボルヘスの「バベルの図書館」(原著 1941, ボルヘス 1993) がある。未刊行の本も含めたすべての本のすべての版が所蔵された架空の図書館を描いたファンタジーであるが、これは、現在のインターネット状況を予測した作品として読むこともできる。近年では、電子書籍とデジタルネットワークによる電子図書館で、読む行為に関する問題の多くは解決するという見方も出てきている。

ネットワーク社会が既存の紙メディア社会を大きく変えることは確かだろう。だが、古今東西、文明は政治権力の集中によって形成されただけでなく、それを正統化しそれに知恵を与えそれを後世に伝える書物の力なしにはありえなかった。また、書物を書物たらしめるのは、含まれる知恵、知識、情報などの個別の知的コンテンツ（以下コンテンツと呼ぶ）の作用によるだけではなく、それらが相互に連関して集合的に働く力にもよる。書物を集合化して知的作用を活性化するための装置が書物の集まりである書斎であり図書館なのだ。昼と夜の違いは読み手の書物とのつきあい方にこそある。とすれば電子図書館は夜の図書館になりうるのかという疑問がわいてくる。

*

本書執筆の当初のモチーフは、書物自体は一貫して重要視されていた日本で、社会機関としての図書館の評価が低かったのはなぜなのかということにあった。私は書いているうちに、これは単なる図書館論にとどまらず、書物論、情報論、文化論、そして何よりも教育論にひろがっていかざるをえないと考えるようになった。図書館の存在が意識されにくかった理由は、日本社会が個人の知的活動を自律的に行うことを妨げてきた理由と同じだということに気づいたからである。

ところがこの考察の過程でもう一つの重要な気づきがあった。それは知的活動の不自由さには、遅れて近代化した日本社会の問題と片付けられない奥深さがあるということである。近代化が明治以降のものではなく、すでに江戸時代から始まっていたというのは日本史学の定説になっている。江戸期のリテラシーは高かったし、私塾では会読《かいどく》という方法による自発的な議論を元にした共同的な学びが行われていた。また、私蔵書においては書物の貸し借りが活発に行われ、図書館の原型になるものは江戸時代にそれなりに存在していたのである。

だとすれば、明治以降の図書館とは何なのかを再度問い直して検討すべきである。さらに図書館が後回しにされていた社会とはどういう社会なのかが問われるべきなのだろう。

＊

フランスの思想家ミシェル・フーコーは、ギュスターヴ・フローベールの『聖アントワーヌの誘惑』への批評である「幻想の図書館」と題された文章で、次のように述べている（フーコー 2006, pp. 164–165）。

> それ（引用者注：想像力）は、静まり返った図書館のなかで、念入りに翼をひろげている。そして列柱をなす書物、整然と居並ぶ表題、かずかずの書棚は、図書館をくまなくふさいでいながら、他方では不可能の世界へとぽっかり口を開けている。空想的《イマジネール》なものが宿るのは、書物とランプのあいだである。もはや人は、幻想的《ファンタスティック》なものを心のなかに持ち運ぶのではない、それを自然界の突飛な出来事のうちに期待するのでもない。それは、知の正確さのなかから、汲みあげられるのだ。富は資料のなかで待機している。

今、日本でも夜の図書館が深い闇から顔を出して日の光にさらされ始めている。私は昼の図書館に通いながら書物のページから躍り出した文字列を追い求め、夜は自宅のわずかばかりのスペースの書斎にある書き物机で文字列を新たにつなげ、そうして汲み上げられた知の正確さを見とどけるための旅に出よう。そのときのキーワードは「情報リテラシー」である。

情報リテラシーのための図書館——日本の教育制度と図書館の改革

目次

第１章　「エウリディケを冥界から連れ出すオルフェウス」

1　コローの絵のオリジナルを求めて

リラとリュート

茨城の田舎に住んでいる。前方は林と草原と畑に面した一軒家だ。この景観が気に入り、ここで暮らすことを選んだ。ただもう少し文化的な香りもほしいので、白い壁に何か絵を掛けようということになっていた。妻は額縁を用意してどんなものがいいかをずっと探っていた。

彼女は長年ライアー（lyre）という楽器の演奏会に参加している。ライアーは古代ギリシアで用いられたリラ（λυρα）という小型の竪琴を参考にしながら、20世紀になって新しく教育楽器としてつくられたものである。ある日、彼女がライアーの練習から戻ってきて、先生から、シェイクスピアの『ヘンリー八世』という戯曲に、ギリシア神話をモチーフとして楽器を弾くオルフェウスの詩が入っているが、そこに出てくる楽器は本当はリラだよねという話があったので、その詩を見たいという。とりあえずはと、グーグルで「リラ」と「ヘンリー八世」で検索してみたところ、さっそくその歌詞が日英両語で示されたページを検索できた。
シェイクスピアの詩には次のようにある。

オルフェウスがリュートをとれば
木々の梢も凍りつく雪山も
頭をうなだれて聞き惚れぬ。
オルフェウスの調べにつれて
可憐な花も緑の草も
常春のごと萌え出でぬ。
（以下省略）

（『ヘンリー八世』第３幕１場　小田島雄志訳　白水社、１９８３年）

確かに手に取っているのはリラではなくリュート（lute）となっている。リュートは琵琶のような形の腕に抱えて弾く弦楽器で、中世からルネッサンスの時期に一般的に使われた。古代ギリシアで使われた竪琴のリラとは違うものである。しかし当時隆盛をきわめたリュートで、すでに廃れていたリラの調べを再現しようとする動きもあったというから、シェイクスピアは意図的に置き換えたのかもしれない。

リュートしか出てこない詩が載ったページがなぜ検索できたかといえば、そうしたシェイクスピアの文章を素材にしてリラとリュートの双方に触れたページがあったからである。それがリュート奏者永田斉子さんのブログページ（「リュートと過ごす日々」）であった（http://seiko24.blog.so-net.ne.jp/2016-06-13）。そのページの冒頭にある絵画を見て、妻はこれだと叫んだ。そこには深い森や水の流れが描かれ、右の方に女性の手を引く男性が描き込まれている。男女の衣装は古典古代のもので、よく見ると男性は竪琴を手にしている。これはバルビゾン派の画家カミーユ・コローがギリシア神話をモチーフに描いた「エウリディケを冥界から連れ出すオルフェウス」と呼ばれる絵だった。

オリジナルの色調

森を背景にして吟遊詩人が竪琴をかかげているところが、我が家の雰囲気と外の景色に通ずるものがあると彼女は気に入ってしまい、この絵の複製画を掛けようということになった。それを購入するために、再度ネット検索をすると、通信販売でけっこう簡単に入手できることがわかった。ここまではネット検索を繰り返すことで比較的容易だった。

しかし、続けて湧いてくる疑問を解決するのがたいへんだった。というのは、タイトルに「冥界

図1　エウリディケを冥界から連れ出すオルフェウス

から連れ出す」とあるように暗いイメージの絵であり、家に掛けるものとしてどうかとも思われたからである。最初にネットで見たこの絵は比較的明るかったのだが、通信販売の見本の絵は暗い。いったいどちらなんだという疑問がわいてきた。

これをネットで解決するのは難しい。最初に複製したときの機器の性能や設定は言うまでもなく、デジタル画像は色調や明るさをソフトウェアでどのようにでも変えられる。見ているディスプレイの如何や画面自体の設定にもよる。画面上で見えるものはあくまでも複製物であり、調整や複製を繰り返す間にオリジナルの色調や色はわからなくなっている。

本来ならオリジナルを見るのが一番いいのだが、それができない場合、次善の策としては画集を見るのがいいと考えた。きちんとした出版社から出ているものなら、色調や明暗等にも配慮して編集してある可能性が高いと思われるからである。有名な画家の作品だから、昔よくあった世界の名画全集のようなものに載っている可能性があるのだが、それはどこに行けばあるのだろうか。そういえば、最近この種の出版物はあまり出ていないようだ。

あるとすれば図書館しかない。

絵を探す

そういう絵が載った画集を図書館目録（ＯＰＡＣ）で検索するのも意外に難しかった。手がかりは画家名と絵画名なのだが、「コロー」とか「オルフェウス」で検索できるかといえばできない。そもそも、１冊に何十点も含まれている個々の作品名はＯＰＡＣでは検索できない。また、コローの作品を解説した本の著者はコローではない。画集の著者（専門的には責任表示という）はその編者なのか原作品の作成者なのか。ではその絵を解説した本のタイトルにコローが入っているかといえばそうとは限らない。ということで、いろいろやってみたがその作品が出てくる本をうまく検索できなかった。

そこで、図書館のレファレンスサービスのデスクで相談してみた。そして、画集等に入っている絵画の画家名で検索できる『西洋美術全集絵画索引』（日本図書館協会 1999）というツールがあることを教えてもらった。これを使うと、コローの多数の作品がどの画集に入っているかを探すことができる。

こうして、この作品が『ヒューストン美術館展――ルネサンスからセザンヌ、マティスまで』（愛媛県美術館 1999）に収録されていることが分かった。これは、アメリカのヒューストン美術館にある原画が日本のいくつかの美術館で行われた展覧会で展観され、それをもとにしてつくられた図録に掲載されたものである。図録の編集者として、ヒューストン美術館の二人のキュレーターの名前が掲げられていた。

図書館では、さらに著者検索、タイトル検索、主題検索をうまく使い分けることで検索が可能になることを学んだ。こうして、コローについて書かれたさまざまな言語の本が、所属大学の図書館に17冊入っていることがわかった。1点ずつなかを見ていくことにより、この作品の写真が入っているものをさらに2冊見つけることができた。単に「コロー」という検索語ではうまくいかないことは理解していたが、自分では使い慣れたつもりのOPACであっても利用にあたって落とし穴があることを悟らされた。

図録以外に新たに見つけた2冊の図書は、1991年にフランスで出たものと2012年にドイツで出たものだった。計3冊の出版物に掲載された問題の絵の色調だが、これが意外なことに3枚とも違っていた。フランス版は、色調は全体に淡い感じで赤系統が強い。本全体の写真が同様なのでこれは編集上の方針によるのだろう。それに対して、図録とドイツ版はそうした色の癖はなくて似ているが、細部の表現は違っている。とくに暗いか明るいかという観点からすると、両者は右手の暗い森の表現は似ているが、図録は左手の遠い森や空はより明るい感じで、ドイツ版はそれよりもやや暗かった。

これらを検討し総合的に判断した結果、図録に掲載された写真が元に近いのではないかと推測した。何よりも、原画を所蔵している美術館の名を冠した展覧会の図録は、オリジナルを真近に見ている専門家の校閲があるので確実だと思われたからである。

2　絵画検索のための情報リテラシー

写真は真を写していない

一連のことで、いろいろと教えられることがあった。

まずはネットの簡便性とネット上のあらゆる情報を相互にリンクする力のすごさである。これは改めて言うまでもないのだが、使ってみてつくづく思い知らされた。リラとリュートのように別物でも、それを媒介するページの存在によって一瞬にして両者に関わる情報をつないでみせることができる。

だが同時に、使いこなすためにはそれなりの知識が必要だということもわかった。「コロー オルフェウス」で検索できなかったのは、この絵の情報が日本のサイトにほとんど存在していないからである。コローの他の絵は日本で出ているさまざまな画集に収められていることが分かったので、おそらくは、この絵が20世紀初頭にフランスからアメリカに売却されたために、ヨーロッパ経由の美術史情報に頼っていた日本の関係者にあまり注目されなかったからだと思われる。改めて、「corot orpheus」で検索すると外国のサイトで容易に見つけられた。この絵は外国ではよく知られていて原語で検索すればさまざまな情報がある。ネット検索は言語表記がきわめて重要なこと、そして外国人名や固有名のアルファベット表記についての知識が必要になることが分かった。

次に、ネット上にオリジナルはないという当然の事実である。ネットの技術を駆使すればオリジナルに近づけるかのような思い込みがあったが、オリジナルに近いものにアクセスしたいときに、いま見えているものだけでは何も保証してくれない。そのことに気づくためには、デジタル技術で画像がどのように表現されているのかを理解している必要がある。一番いいのは美術館や博物館で実物を見ることだが、それが叶わない場合に、作品を基にして出版物としてつくられたものを図書館で見ることによってオリジナル絵画に近づくことは可能である。

だが、写真表現も必ずしも「真」を写していないことも目のあたりにした。考えてみれば、写真術自体もそれを複製する印刷術も機器による複製である。技術的進展によってよりリアルな表現が可能になりつつあるが、写真術はその時代時代の技術的条件のなかで可能な表現を行うという意味で、オリジナルとは別物という理解は最初からあった。また、芸術写真はオリジナルを写真家の視点やもてる技術を駆使して自在に表現するものである。

だから気に入ったものを選べばいいということになるが、今回のケースで言えば、原画に近いであろうことを重視していたから、絵画展の図録であってかつ刊行過程に作品所有機関の認証が含まれていることをてがかりにした。

さらには、図書館での資料検索にもコツがいるということである。図書館目録では資料を著者名やタイトル、主題で検索することができる。ただし、人名や団体名などの固有名をどのように表記するのかについては必ずしも安定していない。同名異人の区別、シェイクスピアかシェークスピアかのような人名表記の揺れ、また、ユネスコかUNESCOか国際連合教育文化機関か、のような固有名表記の揺れがある。このあたりはふだん何気なく使っているが、違いがさまざまな混乱をもたらす。

図書館では、こうした揺れを統一的に扱うために典拠コントロールと呼ぶ技術を用い、標目と呼ばれる統一語を設定する。たとえば、コローの場合は「Corot, Jean-Baptiste-Camille」というフルネームの原綴り標目になる。主題検索はある資料が扱っているテーマを言葉で表現したものであるが、これも主題標目（件名標目とかシソーラス用語と呼ぶこともある）を統制語として扱う。たとえば、通常用いられているツールでは、「絵」とか「書画」は使わず「絵画」を標目とする。また、「日本画」や「西洋絵画」「洋画」は使わず「絵画（日本）」「絵画（西洋）」を使うという具合だ。先ほどの例だと、著者や主題による検索を正確に行うためには、「コロー」ではだめで、検索窓に少なくとも「corot」を入れなければならない。これにより、コローが画いた絵画作品やコローについて書いた著作が検索されるわけだ。

図書館ではコンテンツを元のものに近い形で表現した作品を扱うという考え方が強い。これは近縁関係にあった書誌学が作者の表現したものを理想形としていたことと関わっている。そのために、図書館目録には、著者−作品（著作）−版−個々の書籍（刷り）という階層構造があり、これを頭に入れておかないと適切な検索はできない。

たとえば、先ほどのシェイクスピアの『ヘンリー八世』の翻訳書であるが、国立国会図書館のNDL−OPACで検索すると、昭和3年に早稲田大学出版部から刊行されたものを最初のものとして17の版が出てくる。統一した著者標目として「Shakespeare, William, 1564-1616」が使われているが、それぞれの版の著者表記は、初期の「シエークスピア」ほか4種類ある。また、基本的には坪内逍遙訳と中野里皓史《なかのりこうし》訳、小田島雄志訳の3種類がある。以上のことから、元は一つの作品ではあるが、3種類の日本語訳作品になり、それらは17種類の版で出版されていたことがわかる。ちなみに版元は10の出版社にわたる。

さらには、図書館には所蔵目録を補うための各種のツールが用意されている。先の絵画名から特定絵画が掲載された画集を検索する『西洋美術全集絵画索引』もその一つで、索引と呼ばれる冊子体のツールである。レファレンスコーナーの棚にあったが、同じ内容のものをPCで検索できるDVDも用意されていて、図書館によっては館内に置かれたPCやネットワークで検索できる場合もあるようだ。

図書館のこうした検索ツールは、最近ではネット検索と同様に、キーワードを入れれば検索可能になっている。単純なものを検索する場合にはそれで十分な場合も多いが、今回の例ではそれでは歯がたたない。ツールの特性をある程度知って適切なものを選ぶことが必要である。そして、検索ページの選択やキーワードの選択にもかなりの予備知識が要求される。さらには、ツールとその仕組みに関する知識だけでなく、主題内容に関する基本的な知識も動員しないと目的のものに行き着かない。西洋人名と日本語表記の関係についての知識や、美術作品のオリジナルとその展観図録、そして複製物の配布等の知識がないとほしい検索結果には行き着かなかっただろう。このときに、図書館のレファレンスサービス担当者のアドバイスが助けとなった。

絵画検索の知識・技術

以下、このような検索をするときに必要となる知識や技術を、「情報リテラシー」という言葉で表現する。情報リテラシーをこのような意味で理解することは日本ではこれまで必ずしも一般的ではなかったことは承知の上でだ。今後、情報リテラシーはこのような方向で拡張されて、教育課程に寄り添いこれを支える重要な概念になると考えるからである。その点については第２章、第３章で論じることにする。

まとめると、今回のオリジナル絵画を検索するときに必要だった情報リテラシーには次のような知識や技術が含まれる。

（１）ネット検索の仕組みと使い方についての知識・技術
（２）写真や印刷の仕組みと現状についての知識
（３）図書館目録や検索ツールの仕組みと使い方についての知識・技術

（4）西欧絵画の所蔵や公開についての知識

（5）西洋人の人名表記と日本での表記の違いについての知識

ここには情報機器やネットワークに関する知識や技術に加えて、デジタルでの情報表現や機器による視覚表現のようなコンテンツの表現法に関わる知識が含められている。さらには、コンテンツにアクセスするための図書館についての知識・技術が加わると同時に、そうしたツールを使いこなすためには日本と欧米文化の違いとそれを埋めるのに必要な知識が要求される。最後に、芸術作品のコンテンツに対するアクセシビリティに関する知識である。これらをある程度知っていないと正確な理解に到達しない。

ここに挙げた知識や技術は、それぞれの領域にある専門知識である必要はない。そうした知識を体系的に学び修得するには相当の努力と時間が必要になる。むしろそうした知識にアクセスするための技能とそれを使いこなすための常識のようなものだ。リテラシーという言葉は識字と訳されるが、これはラテン語のlitera（文字）から来ており、文字が表象する知的世界にアクセスする能力を意味する。それは決して知的世界そのものに入り込むこと自体を指すのではなく、そこにアクセスするために必要なスキルの総体である。同様に、情報リテラシーは文字の世界が情報メディア技術の進展によって拡張されたときに、それがつくりだす世界に入るためのさまざまな能力の集合である。

第2章　読書大国からネット社会へ

1　リテラシーと情報リテラシー

出版物が溢れる国

日本は読書大国であったと言えば、ある一定の年齢以上の方には理解していただけるだろうか。その名残りはいろんなところにある。たとえば、書店の閉店が報道されることも多くなったが、都市部には今でもかなり大きめの書店があってたくさんの読者を引きつけている。新刊書から旧刊書まで、きわめて多種多様な本を手に取りやすいように並べて販売する書店がこれだけある国は他にはない。

全国紙一面の最下段にはほぼ毎日、三段八割と呼ばれる出版物広告が置かれている。また他のページにも新刊書や雑誌の広告が置かれている。これは見慣れていて当たり前と思う人が多いようだが、世界の新聞は週に1回の書評ページの下段に出版広告が置かれることはあっても、通常のページにあれだけ多数の出版広告が置かれることはない。

新聞に出版広告が多いのは、書籍販売と新聞販売が双方とも独占禁止法上、再販制と呼ばれる定価販売を原則とする特別措置にあることが理由だという説がある。しかし、出版にそうした法的措置がとられる国は他にも少なくないから、出版物に馴染んできた日本人の日常が前提になってこういう状況が生じているのだろう。出版物の情報が生活の身近なところにあり、出版物そのものが生活空間のなかで流通し、それらが決して特別な位置づけになっていない。私たちは、本を書店で手に取り、立ち読みしつつ類書と比べて自分に合ったものを選び、購入することを普通の行為としてきたのだ。

その状況をもたらした重要な要因として、江戸時代以来のリテラシー（識字率）の高さがしばしば指摘される。出版が盛んに行われ、庶民レベルでも本が読まれていた。近代以降は義務教育制度が始まり、リテラシーは高まっていった。それに対応するように、近代的な出版産業が興り、全国レベルでの流通も行われるようになった。本を読むことの重要性が常に唱えられ、それに対応するように出版が行われて流通機構を通じて全国の書店に配本され、手近なところで購入する体制ができあがった。

現在、日本人のリテラシーは１００％に近い状態にあると言われる。それは国語教育の成果であり、また、読書教育の成果でもある。そのまま本が読める人が育って、大人になると新聞を読んでそこにある出版広告を参考にしながら書店を利用し、本を購入する行動をとることが当然のように社会のメディア構造のなかに組み込まれている。こうした循環に支えられて形成されたのが、最初に読書大国と呼んだ日本社会の特徴である。

読みたい本は手に入るのか

だが、近所の書店で本を選ぶという消費行動は、すでに過去のものになりつつある。日本の年間の書籍出版点数は1950年代前半に1万点強から始まり2000年代まで60年間一貫して増え続け8万点まで来たが、ここのところ数年はそのまま毎年8万点前後で推移している。

だが、点数増は実は1点あたりの売り上げ部数が減っていることと密接に関わっている。図2は1961年以来の出版物販売額を書籍と雑誌別に見たものである。書籍も雑誌も1990年代後半をピークとして、すでに20年くらいの期間、減少し続けている。とくに雑誌販売額はピーク時の2分の1になっている。これに対応して、書店の店舗数はここ10年間で20％以上の減少をみている。雑誌やベストセラー本、コミック等を扱っていた街角の小規模な本屋ほど閉店している。他方で、出版物を購入するルートは書店に限られなくなっている。全国に張り巡らされたコンビニの販売網では、雑誌やコミックスだけでなく新刊の文庫本やベストセラー本も売られている。他方、ツタヤのようなレンタルショップチェーンではＤＶＤやＣＤのようなＡＶ資料だけでなく、新刊書（主としてコミック）のレンタルや販売が行われている。

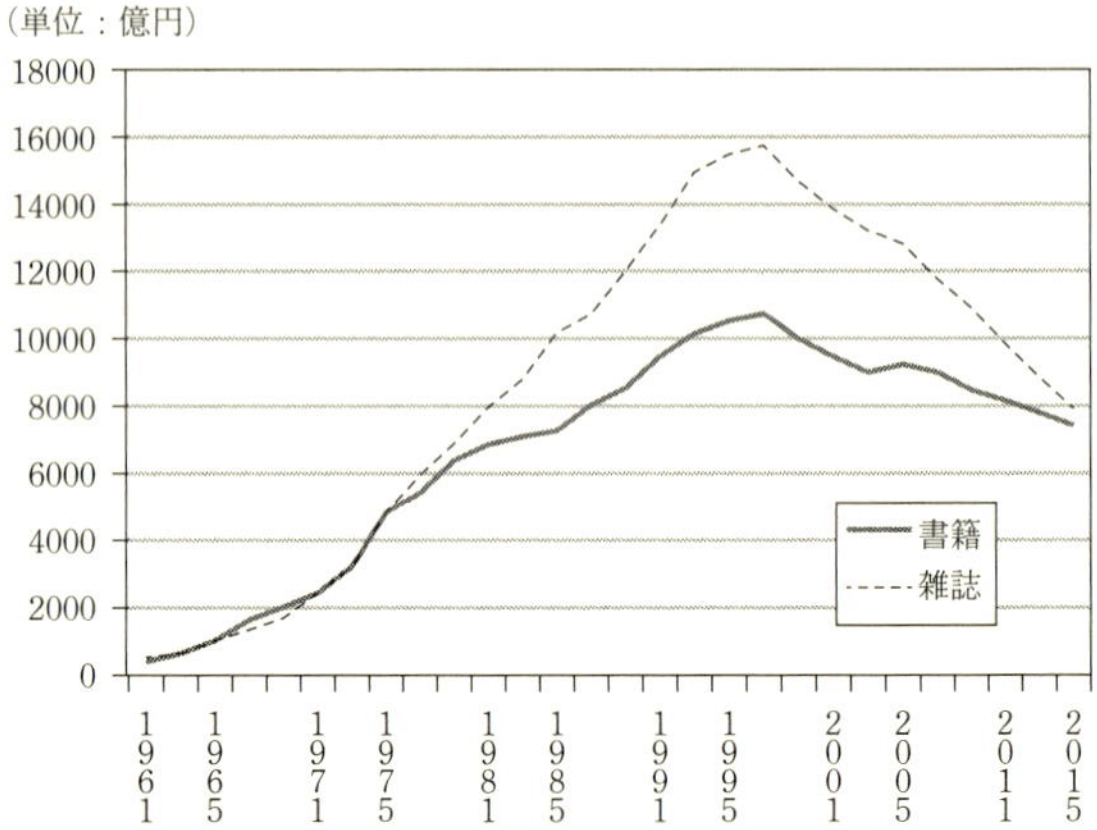

図2　過去55年の出版物販売額の変遷
（出版科学研究所『出版指標年報』2016年版より作成）

これらの店舗の特徴はエンターテインメントやベストセラー書籍の提供が中心となっていることである。出版物も市場化し、商品として流通するようになって久しいが、市場における消費者の需要に合わせた商品提供に力を入れるようになっている。さらに、アマゾンのようなネット販売の出版流通業が大きくシェアを伸ばしている。アマゾンはネットで検索して発注すれば、ベストセラーもコミックも文芸書も教養書も学術書も何でも短時間で全国どこにでも送り届けることのできる販売力をもっている。これは従来の出版流通網にとって代わる可能性をもつ大きな力である。

近年では、アマゾンをはじめいくつかのネット企業から電子書籍の提供が行われている。これだと、ネットに接続して、ほしい本を検索してボタンを押せばまもなくコンテンツ自体がデジタルで送られてきて、すぐに読むことが可能である。これもまた、これまでの流通形態に大きな影響を与えるものだ。

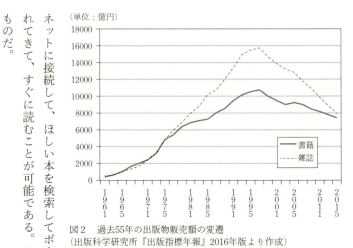

このように、今や本は書店の店頭で探さなくとも、きわめて多様なルートで提供されるようになっている。それも、読み手の需要の大きいベストセラー本だけでなく、さまざまなジャンルの本が容易に入手可能になっているのである。

この状況に、読者はリテラシーをもつだけでは対応できない。かつてなら、新聞広告や書評でみた新刊書を書店で探すというようなルートで自分の読みたい本を入手していた。読者はあくまでも、自分の考えで書籍の選択を行うことができた。また、書店の棚で類書を手にとって読み比べながら選ぶことができた。

だが、先ほど述べたように、書籍の売り上げが下がるのに反比例するように出版点数が増えている。1点あたりの部数が出ない以上、出版点数を増やして少部数でいいからたくさんの種類を売ろうということだろう。たとえば、新書のコーナーを見れば、かつては岩波書店、講談社、中央公論社などに限られていた版元が、いまや継続的に出している出版社だけで20社以上ある状況がある。教養書としての新書は比較的安く長い年月のあいだ書店にストックを置いて売る方針をもっていたが、現在ではどんどん新しいものを出して売りさばき、売れないものは店頭から返品する方針に変更されている。

このように市場化が進んだ今日、商品は売り手が主導して並べるのだから、買い手はきわめて狭い幅の選択肢から選ばざるをえない。市場とは需要と供給の結節点ではあるが、そこで供給されるものは個々の消費者の需要ではなく、マジョリティの需要が集約された商品である。

中古本も含めて流通している本の多くをすぐに検索可能にする、アマゾンのようなシステムはどうだろうか。著者名やタイトルのキーワードを入れればすぐに求める本は出てくる。最近のシステムは、検索した図書をすでに購入した人が同時に購入した本のリストも示してくれるので、類書探しには役に立つ。しかし、書店の棚に置かれた本をぱらぱらめくり、並んでいる類書と比較することで、新しい発見があったりするような効果は望めない。あくまでも、システム側が用意したメニューのなかでの選択でしかないのである。

ほしいコンテンツを入手する

新しい情報検索システムを使いこなして、自分の求める情報を手に入れるためにはそれなりの工夫が必要だ。何よりも、検索の仕組みがどうなっているのかについての知識をもつことが大切で、自分なりにその仕組みを利用して主体的に情報を引き出すことにより、求めるものが得られる。仕組みの理解と使いこなしということである。

実を言えば、新聞広告を手がかりに、書店で本を探す場合にもこれを無意識のうちにやっている。どの広告を見るか、書評を参考にするか、どこの書店に行くか、どの棚を見るかなどの選択を常にしているからである。つまり、仕組みが物流を基盤にしたものか、情報システムを通じてのものかの違いはあるが、流れの理解と使いこなしによってよりよい本探しが可能になる。

前章の最後で、このように図書や情報検索システムで提供されるものも含めて、コンテンツを提供するシステムの仕組みを理解し使いこなすことを情報リテラシーと呼んだ。これは、コンピュータシステムを理解し使いこなす能力であるコンピュータリテラシーとは区別される。コンテンツにアクセスする手段は、コンピュータシステムとは限られない。学校での学びは知識、つまりコンテンツを修得するためにあると考えられてきた。本や雑誌などを読むことによる場合や、家族や友人との会話を通じてコンテンツを入手する場合もある。もちろん、現代においては、コンピュータリテラシーは情報リテラシーをもつための要件となっていることは確かであるが、情報リテラシーについて考えるためには私たちの日常的な行動全般について考える必要がある。

2　読書感想文と自由研究

子どもたちは本を読まない

情報リテラシーを獲得するためには、当然のことながらそれ以前にリテラシーを保持していることが前提となる。両者の関係を考察するために、子どもの読書行動について考えてみよう。

2001年に「子どもの読書活動の推進に関する法律」（「子ども読書活動推進法」）ができて、国立の国際子ども図書館がつくられ、各地に子どもの読書推進のための支援センターができたりして、国を挙げて子どもの読書を振興するための取り組みが行われている。

だが、それを推進する文部科学省の生涯学習政策局青少年教育課はＨＰで次のように言っている

（http://www.mext.go.jp/a_menu/sports/dokusyo/suisin/index.htm）。

> 平成14年5月に行われた調査（社団法人全国学校図書館協議会による）によれば、児童生徒の1ヶ月の平均読書冊数は、小学生が7・5冊、中学生が2・5冊、高校生が1・5冊、また、1冊も読まなかった子どもたちの割合は小学生9％、中学生33％、高校生56％となっており、中学校以降極端に読書量が減少しています。
>
> また、平成12年に行われた経済協力開発機構（ＯＥＣＤ）生徒の学習到達度調査によれば、「趣味としての読書をしない」と答えた生徒は、ＯＥＣＤ平均では31・7％ですが、日本では55％となっており、「どうしても読まなければならないときしか、本は読まない」と答えた生徒は、ＯＥＣＤ平均では12・6％であるが、日本では22％となっています。

読書大国というキャッチフレーズから窺われる像はもろくもくずれつつあることが分かる。ＯＥＣＤ調査が対象としている生徒とは、義務教育修了段階の15歳児を指す。ここで言っているのは、小学生の読書は一定のレベルを保持しているが、中学生、高校生の段階になるとそれが急激に下がるということである。

この調査は、ＯＥＣＤが3年に1度数学リテラシー、読解力、科学リテラシーを72カ国（2015年調査）の子どもたちを対象にテストし比較しているもので、ＰＩＳＡ（生徒の学習到達度調査）

と呼ばれている。最近の２０１５年調査報告によると、日本の得点はＯＥＣＤ諸国の平均より高く、数学5位、読解力8位、科学2位といずれも国際的に高い位置づけにある。このうち読解力はreading literacyの訳語であり、これは本書で言っているリテラシーそのものである。２０１５年の調査では読解力の順位が下がったことが報じられたが、全体として15歳段階の子どもたちのリテラシーは世界的に比較してみればきわめて高いということができる（国立教育政策研究所 2016）。

確かに就学前の児童から始まって小学生あたりまでの子どもたちには、絵本の読み聞かせやストーリーテリングなど多様な方法でのアプローチがあって、各地の図書館でもサービスに力が入れられている。地域には家庭文庫や児童文庫といったボランティアによって子どもたちに本を提供したり紹介したりする取り組みがある。学校に入る前後には文字を学ぶことが行われ始めて、リテラシーを獲得した子どもたちはさっそく、学校の図書室の本を借りたり、近隣の図書館や家庭文庫・地域文庫に行って本を読んだりするようになる。これは読みたいから読むという行為であり、自発的なものである。さらに、自由に好きな本を読む時間を確保する「朝の読書」活動が普及し、読書を習慣づけようという試みは活発に行われている。それが、小学校の学年が上がり、中学、高校に進学するようになると、読む力は保持しているはずなのに、読書はしなくなるというのである。これはなぜなのだろうか。

読まなくなる理由

さまざまな理由が考えられるだろう。第一には、子どもたちが忙しいと言われている。放課後はクラブ活動に参加し、学校から帰れば塾に行くこともまた当たり前の行動になり、本を読むための時間はなかなかとれない。受験を前提とした学習行動が読書の時間を奪っていることがある。これは今に始まったことではない。もう何十年ものあいだ子どもたちは、多かれ少なかれ「勉強しなさい」の掛け声とともに思春期を迎えることになった。ここには本などを読んでいる暇はないという隠れたメッセージがある。

第二に、メディアの多様化によって、本を読む以外にも情報を入手する手段が格段に増えていることがある。とくにスマートフォンの手軽さが子どもたちの日常の情報行動を席巻していることはよく知られている。

第三に、そもそも学校での学習において読書の位置づけが中学、高校に進むにつれて低下していくことが指摘できる。国語の学習においては、文学作品の一部が取り上げられてそこの部分だけは読むことになるが、本全体を読むように指導しているところは多くない。作品の一部を読み、そこで書かれた内容を理解し、作者の執筆意図を探ったり、描写について感想を述べたりするような国語教育が読書という行為と切り離されて行われる。まして他の科目で本を読ませるようなことは行われておらず、総合的な学習の時間で取り上げられることがあるくらいだった。この学習方法の問題は、日本の教育課題に特有のものであるので、この後、論じることにする。

感想文は読書ぎらいをつくる

子どもたちが読書ぎらいになる原因の一つとして、「読書感想文」が挙げられる。夏休みの宿題として出されるもので、取り上げる本は課題図書の場合と自由に選んでよい場合とがある。小学校低学年の子どもたちにとって、これを書くことはなかなか困難である。なぜなら、それまで本は楽しみのために読むものであるとの指導を受け、実際に楽しいから読んでいるのに、急に、読んだものから自分がいだく感想や意見を書けと言われても、そのような文章を書くことにまったく慣れていないからである。だから、内容を要約して、どこの記述がおもしろかったとか、ここの部分に感動したとかの文章を付け加えるような、とおりいっぺんのものばかりになる。

同様の小学生の夏休みの宿題に「自由研究」がある。昆虫採集の記録とか植物の発達の観察日記とか、どこかを訪問したときの見聞録といったものが書かれることが多い。こちらはまだ救いがある。というのは、こうしたものは、教室で理科や社会科で取り組んだ課題の延長上にあるからである。小学校の学びにおいては実験や観察、見学などはカリキュラムに組み込まれている。また、対象が具体的に設定しやすいし、また、家族の援助も受けやすい。

これに対して、読書感想文はあくまでも読書という内面的な行為から出発する思考作用を文章で表現するものである。これは発達心理学的にも言えることであるが、人が他者の文章を読んで自分なりの独自の考えを組み立てるためには、思春期を過ぎて大人に近づく過程において自らのアイデンティティを確立することが条件になる。それ以前の低学年、中学年の段階で何の指導もなしに読書感想文の課題を出すことは、子どもたちに困難さを強いることになりがちなのだ。

批判的思考とは何か

本に文字として書き込まれているもの自体は知識ではない。文字は読まれ、読み手が文脈のなかで意味をとろうと考えをめぐらせることで、はじめて理解できる。その理解を、再度読み返すことで確認したり自分で言葉に出して表現してみたりすることで、理解は形をもったものになってくる。しかしながらそこで理解したものはほんとうに著者が伝えたかったメッセージなのかどうかはわからない。というのも通常の文章には文脈や流れがあり、部分だけを理解するのでは十分ではないからだ。それでも、事実を伝える新聞記事やブログ等々の短い文章ならその理解はそこで完結するかもしれない。しかし1冊の本を読み理解することにはそれ自体多様性を伴う。全体の執筆意図と文体、書かれる際の文脈、そして章節に分かれた文章の流れが複雑な作用をもってテキストの多様な解釈を可能にする。そこで読み取ったものは他の読み手の読みと同じではないし、著者自身が表現しようとしたものとも必ずしも一致していない。あるいは、著者自身も自分が書いたものを読み返すたびに、違う読みをする可能性がある。

一つのテキストは、読み手の過去に読んだテキストの蓄積や読んでいる時点での経験、読む環境等々によってそこから読み取られるものは異なるのであり、その意味で正しい読み方というものはないのである。こうしたことは文学批評の世界では常に言われていることであるが、それ以外のテキストにおいても同様である。学術の世界、とくに自然科学や技術的な領域の読みは一義的ではないかという反論があるかもしれない。しかしながら科学論文を読んでそこから何を受け取るかが読み手によって違うからこそ、読み手である科学者はそうした先行研究をもとにして次の研究に活かそうとするのである。つまりテキストの読みは読み手の過去と現在によって規定されている。これは文字テキストにかかわらない。これまでコンテンツと呼んできたものすべてがそうしたものである。

書くためには、本を読み、そこに含まれるコンテンツを理解し、もう一度自分なりに整理し、それが自分の思考や行動にどのように関わりをもつかを考えることが必要である。作品と自分とが対峙し、自分なりの理解を何度も反復させ、読んだことをバネに新たなアイデンティティを確立する。こうした批評的な行為をもたらす心理的な作用は、批判的思考（クリティカル・シンキング）と呼ばれる。これを身につければ、自分を基準にして作品との距離が測れるようになる。これは情報リテラシーを身につける第一歩になる。先ほど情報リテラシーとはコンテンツを理解するだけでなく、提供するシステムの仕組みを理解し使いこなすことと定義づけた。本というもっとも基本的なコンテンツを自分なりに理解し使いこなすことから、情報リテラシーの学習は始まる。また、読書感想文を書くことは、単なるリテラシーにとどまらず、批判的思考を前提とした情報リテラシーを身につけることで初めて可能になる。

子どもたちのなかには、リテラシーを自分の力で発展させて、情報リテラシーに展開することができる批判的思考を身につけているものもいる。かつて読書人、教養人と呼ばれた人たちの多くはそういう人たちだった。21世紀のまったく変容した情報社会のなかでも、それがひとりでに身につく人も少なくないだろう。だが、問題はそうした情報リテラシー能力の獲得を各自に委ねていてよいのかということである。本を読みなさいと言うだけでは子どもたちは進んでそうはしない。リテラシーについて文字を学び読書の楽しみを身につけたように、情報リテラシーについても体系的な学びを行うことによって、情報社会への接し方が体得できて、生活の楽しみが増すのではないかということである。

批判的な思考は、ものごとを多面的にとらえようとするときのもっとも基本になるものである。これは単に何かを批判するとかものごとを批判的に見るというのにとどまらない。20世紀前半のアメリカの哲学者ジョン・デューイは、批判的思考という用語を反省的思考と同義のものとして用いていた。批判が前面に出るのではなくて、ひとまず合理的思考・論理的思考を進めるときに結論を留保して、観察し考察したプロセスを振り返り点検することを優先する態度である。

これに対して、合理的思考や論理的思考を徹底的に鍛えることを批判的思考ということがある。科学的な方法のなかに、常にデューイの言うような点検や反省の過程が含まれているとする立場である。たとえば統計学における検定の方法は帰無仮説を立てて実際のデータを分析し確率的にその仮説が成り立ち得ないことを論証する（帰無仮説の棄却）ことによって、対立仮説の正しさを証明する。このような批判的思考過程を取り入れた統計学は科学的方法において一般的に広く採用されている。

近年の日本の教育哲学の議論のなかでは、これらを整理して批判的思考を「批判・懐疑」「合理・論理」「反省・省察」の3つを頂点とする三角形でとらえる見方が採用されている（楠見・道田 2015, pp. 3-7）。批判とか懐疑は、合理性・論理性と反省性・省察性のあいだの往復運動を意識的にどのように行うかで位置づけが決まってくるというものである。

弁証法の考え方

近代思想においては、弁証法の考え方が重視されてきた。ある命題に対しその否定たる反立命題が生じ、この否定・矛盾を通してさらに高い立場たる総合に移るというもので、この総合作用を止揚（アウフヘーベン）という。わかりやすく言えば、ものごとがある方向に展開すると（正）、それに伴ってそこに矛盾が生じる（反）ために、そこから出発して新しい展開が導き出される（合）というものである。

ヘーゲルは、新しい展開が次の正反合の過程の第一歩となると考え、それが個人の思考や行動、そして社会的な相互作用を含む次の過程を導くとして、そうした過程の螺旋的な連なり、すなわち歴史事象を説明する力動的過程と捉えた。弁証法が批判されることがあるのは、すべてを正と反の組み合わせの二律背反と捉える傾向があるからである。それは最終的には特定の論点（通常は権力や富の分有）をめぐっての思想、態度、運動の二極化をもたらした。社会主義革命の論拠とされる思想や運動論もここから生み出された。

冷戦体制の終結とともにそれらは否定されがちだが、弁証法そのものが間違っているということはできない。実際には矛盾は多面的に生じる。だから、今生じている事象に何らかの説明が行われてそれが一見当てはまっているように見える。だが、その説明では十分ではないのではないか、その説明ではこういう場合には説明できない、類似の事象については別の説明が行われているがそれを当てはめてはいけないのかといった疑問をぶつけることによって、自分なりの新しい捉え方ができるようになる。これは誰しも日常的に行っている思考法であろう。弁証法は批判的思考を徹底させて体系づけたときに出てくる考え方である。

批判的思考でいう批判とは、そうした反省的な思考を常時繰り返すことによって発展的な考える力を身につけるための自己トレーニングの方法のことである。批評という行為はそれを言葉で他者に分かるように伝えることである。先ほどの読書感想文は、本を読む際に批判的な態度を常に抱きながら思考実験をすることで初めて批評として成立するのだが、そのための指導が行われないままに書くことを要求するとすれば困難さをともないがちである。

読書経験を言葉にするための読書教育も行われてはいるだろう。しかしながら、それが必ずしも批判的思考を導くまでのものにはなっていない。まして、それは国語教育の枠内にとどまっていることが多く、さまざまな教科にまたがる知の領域に踏み出していない。

3　フロー情報とストック情報

情報シャワー

現代人は、膨大な情報のシャワーを常に浴び続けている。

テレビは同時に多チャンネルで多様な番組を24時間送り届けている。新聞は朝刊、夕刊が届けられ、朝刊は20ページ以上あって、そこには多数の折り込み広告が挟み込まれる。

ネットには、それこそありとあらゆる情報が常に更新されつつ存在している。個人的なコミュニケーションのツールであるメール、IP電話などに加えて、ウェブ、ソーシャル・ネットワーク・サービス（SNS）、電子掲示板（BBS）、チャット等々のサービスを通じて情報にアクセスすることができる。

テレビや新聞のような既成のメディアも同時にネットでウェブページを通じて情報を送っている。スマートフォンはネット情報にさらに手軽にアクセスするための携帯用の機器であって、どこにいても好きな情報を取り出すことができる。

それらに限らない。街を歩けば、多種多様な看板、広告を目にすることになるし、チラシ配りの人がいて歩く人に広告的な情報を配布している。最近は巨大なデジタル電光掲示板があって目に付く。電車に乗ってもバスに乗っても、吊り広告、ポスター、液晶モニターなどで、その交通機関の情報だけでなく、広告的な情報が流されている。

家に帰れば、さまざまな郵便物が届けられている。また、町内会や自治会などを通してチラシやニューズレターの類が廻されてくる。何らかの団体に所属していると、そこから送られてくる印刷物（会報、雑誌など）の量はばかにならない。ダイレクトメールの類も多数に上る。

これらのなかには、紙媒体のものあるいは電波媒体のものと、ネットで送られるものが重複している場合もある。これは送り手からすれば二度手間になるのだが、現在はまだメディアの移行期であってどちらかしか見ない人がいるからである。

こうした大量の情報のシャワーのなかで、私たちが本気で見たり、読んだりするものはそれほど多くはない。瞬間瞬間に必要かどうかの判断をし、必要なものにはアクセスするが、それ以外は無視する。そうしなければ情報の海におぼれてしまうからだ。だから、多くの情報は垂れ流しの状態にあると言える。

しかしながら、何をもって必要かそうでないかを判断するのであろうか。日常で行う習慣的行為であるがゆえに、その基準を自分のなかでどのようにつくっていくのかが問われることになる。だが、私たちがこうしたメディア状況の存在を前提にしてそれほど悩まずに暮らしていけるのは、必要なときに、必要な情報を取り出すことはそれほど困難ではないと考えているからである。

検索エンジンの仕組みと限界

インターネットに必要な情報の多くがあると考えられている現在、それを可能にしているものが、前にも言及したネット検索のための検索エンジンである。その仕組みを考えてみよう。

そもそも現在のインターネットはWorld Wide Web（WWW）と呼ばれるソフトウェア技術が発達したことによって爆発的に普及した。WWWはネット上にあるコンピュータ同士が通信する際の手順であるプロトコルをさらに結びつける方法の一つで、HyperText Markup Language（HTML）という記述言語を用いる。HTMLのハイパーテキストというのは、テキストを書き込むだけでなく、そこに他のテキストや画像、映像、音声等のコンテンツへのリンクを埋め込んだり、見出しや段落といったテキストを表現したり、フォントや文字色などの見た目を指定したりできるものである。WWWでHTMLを用いると、リンクがネットワーク上の他のコンピュータにあるテキストや画像などのコンテンツを指定することができる。そのわかりやすさと汎用性が評価されて標準的なものになったし、世界中のコンテンツを網のように相互に結びつけることを可能にした。

検索エンジンはこの仕組みを使って、世界中のコンテンツに対して検索をかけるものである。これには主としてロボット型とディレクトリ型の2種類がある。ロボット型とは、まずクローラーと呼ばれるソフトウェアによって、ネット上にあるコンテンツをそのリンクごと事前に網羅的に収集する。このようにして蓄積したものから巨大なデータベースをつくり、これに対して検索をかけるというものである。収集したページは事前に解析して検索用の索引情報（タグという）を付与する。通常、検索エンジンと言えば、キーワードを検索窓に入力すると関連ページが返されるこの方式のことを指す。

インターネットには無数の情報が蓄積されているが、一般的な使い方として、ホームページに直接アクセスしてそのトップページにある情報を見るか、ロボット型検索エンジンによって任意の情報を取り出すかのいずれかの利用の仕方をするものである。どちらにしても、情報の送り手あるいは検索エンジンが事前に用意した断片的な情報を見ているにすぎない。この過程は一見すると、図書館での資料収集と組織化、提供の過程と似ている。検索エンジンもクローラーでネットサイトにあるページコンテンツを集め、組織化し、検索をかける。だが、長い時間をかけてルールを定めてきた図書館の手法（後述）と違って、始まって間もない検索エンジンでは、技術的にも実際的にも困難さがつきまとっている。

まず、クローラーの収集範囲をどのように定めるか、文字の言語をどのように識別するか、同じ文字でも文字コードが違うものをどのように識別するかといった収集上の問題がある。

第二に、組織化に関わっては、コンピュータはとってきたコンテンツに対して検索を行うのだが、その際に全文に対して最初から順に検索をかけるのでは効率が悪いので、事前に索引化しておく手法が一般的である。索引作成にはさまざまな手法があるが、いずれも文字情報を機械的に処理するものであるので、さまざまな無駄や誤りがつきまとう。単語をどのように切り出すか、名詞以外の品詞をどこまで含めるか、頻出語を検索対象からはずすか等々の自然言語処理と呼ばれる手法である。

第三には、こうしてできた索引ファイルをどのように検索するかであるが、検索要求が明確な用語で示される場合とあいまいな漠然とした要求に応えようとする場合とがあって、それぞれに対する異なった手法がある。その中心は、複数の文字出現の頻度を計算して共起する確率に基づくものと、リンク構造に基づくものである。

現在のグーグルやYahoo!などが用意している検索エンジンは、ロボットがとってきたサイト情報のキーワードに対して検索をかける際に、互いの出現頻度やリンク構造などをもとに順位づけしているところに特徴がある。ユーザーは世界中からとってこられた情報の全体ではなく、検索結果の上位にあたる部分を見るのにすぎないから、この順位づけがきわめて重要になる。問題は共起頻度やリンク構造を利用するという点である。共起やリンクは多くの利用者にとって重要と考えられるものに対して多くつけられることになるが、この重要と考えられるものの評価が検索エンジンによって行われるとすれば、循環構造が形成される。つまり、同時に現れたりリンクされたりしたものは、次の共起やリンクをつくることにより、さらに共起したりリンクされたりしやすくなる。これにより、特定のサイトに利用が集中することが加速するわけだ。だから最初のリンク構造の仕掛けが重要になるわけで、それがスポンサー広告によって仕掛けられているものが多いとすれば、これは既存のマスメディアの構造と類似のものということができる。

せっかく検索エンジンによって無限の情報が取り出せるはずなのに、情報ストック全体を見ることはできず、相変わらず断片としての情報（情報フロー）、それも何らかの操作が行われている情報群を見ているにすぎない。

情報ストックの全体像を見るために

ロボット型検索エンジンの問題は検索結果がリンク構造によって特定のものに集中することにあるだけではない。最初の検索語の選定そのものいかんで検索結果が大きく変わる可能性がある。ネット上のコンテンツ構造全体が見えないので、自分が適切な検索をしているのかどうかを確認しにくいということだ。これを補うものとして、もう一つの種類の検索エンジンであるディレクトリ型のものがある。

これは、さまざまな主題やトピックスの下に関連するページの参照情報を掲載するもので、すべて人手で作成するのが特徴となる。つまり人手をかけてウェブページを分類し、それを一定のカテゴリの下に並べるものである。ウェブページが現れた初期には人手で作成することは十分に可能だったが、爆発的に増えた現在、これは検索エンジンの主流とは見なされなくなった。しかしながら、すべてのページを並べることは不可能にせよ、主要なものを選別して、使いやすいように分類して並べることの意義は小さくない。これを行うことによって、図書館の蔵書が十進分類表によって分類されていたり、書店の書棚がカテゴリによって分類されていたりするように、コンテンツの全体像が見えやすくなることがある。

代表的なディレクトリ型検索エンジンとして、Yahoo! カテゴリがある。図3は、その一部を示している。たくさんのカテゴリが用意されているが、そのなかの「芸術と人文」というカテゴリのなかの最初にある「写真」を選んでみる。すると、「デジタルカメラ」「基礎知識、テクニック」から始まり22の項目が出てくる。さらにこのなかの「カメラ」を選ぶと、「登録サイト」として「カメラナビ」「ダイヤル式カメラを使いなサイ！」「銀塩世界」ほか13のサイトの説明とリンクがある。すなわち、「写真」の下には推計で２００から３００のサイトへのリンクが用意されているものと思われる。

この仕組みは書店や図書館で採用されている階層式分類を基にして構築されている。これを使っても必ずしもすべてが見えるわけではない。だがキーワードという不安定なアクセスキーを用いるロボット型と組み合わせることによって、緻密な検索が可能になる。そしてこうした組み合わせはもっと特定化された領域のサイトを対象とした専門ポータルサイトと呼ばれるところでも利用されている。しかしながら、ウェブ上のサイトを何らかの評価の視点を明確にしながら公平に評価して掲載することはあまりうまくいっていない。これは、ボランタリーにやられているものは信頼性が問題になるし、ビジネスベースでやられているものはそれがどの程度の公平性の下に情報を評価しているかが問題になるからである。

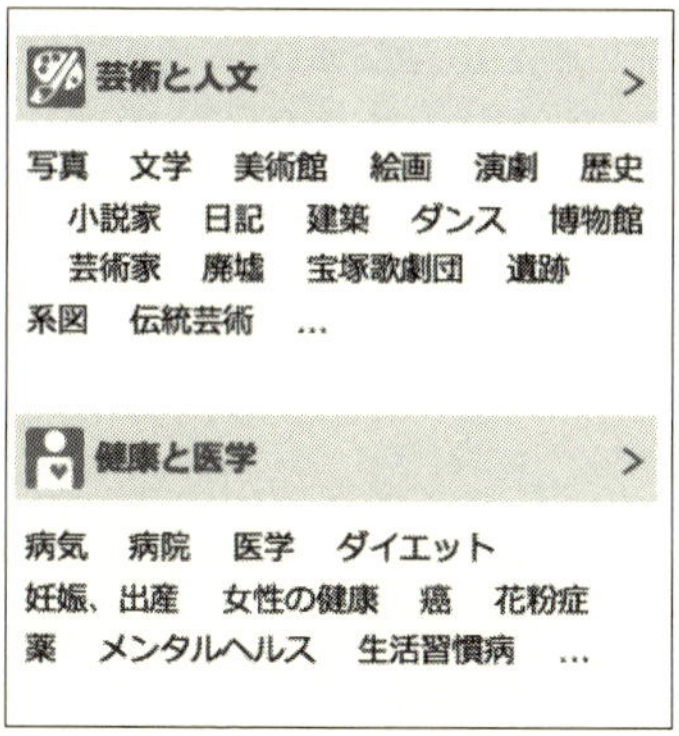

図３　Yahoo! カテゴリ（概要の一部）

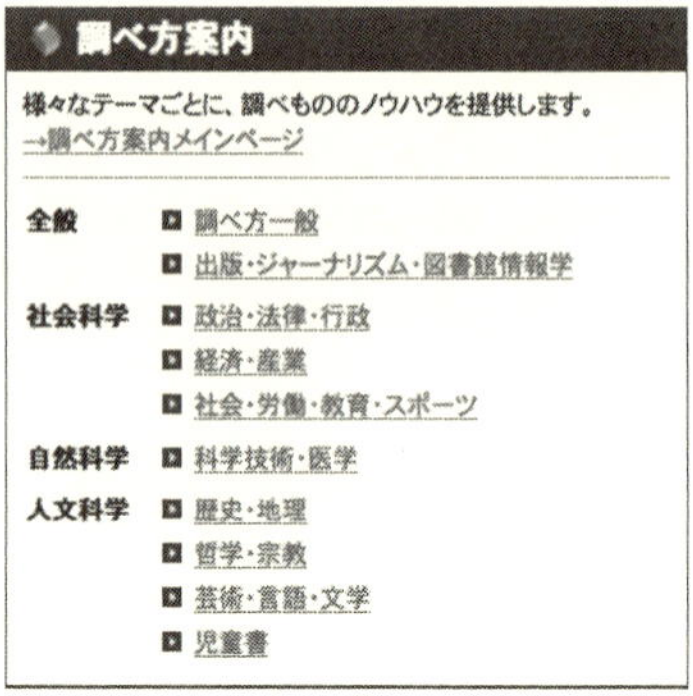

図4　リサーチ・ナビの画面

インターネットに置かれていない情報はどうだろうか。印刷・出版という工程を経て市場を通じて配布される出版物は大手書店やネット書店では情報ストックの全体像を垣間見せてくれる。しかしながらこれも流れのなかの小さなストックにすぎず、一定の時間が過ぎれば新しいものに置き換わってしまう。決して全体を見ることはできない。

また、出版市場で扱われる情報は部分にすぎない。コンテンツへの繰り返しのアクセスが求められる情報は市場を経由せずに配布されている。たとえば、官公庁や地方自治体が作成している行政情報、企業が作成しているビジネス情報、研究機関が発信している学術情報等々である。これらのなかにはホームページで発信しているものも少なくないが、印刷物だけというものもきわめて多い。印刷物は、関係者、関係機関に配布されるだけで作成目的を達したことになっているが、そのままだと情報ストックにもならずに終わってしまうのだ。

読書大国で発展した書店の仕組みと新たに発展したネット検索環境は、性格を異にするが、時代的要請のなかで発展した情報を取り出すための装置である。これらの装置ではカバーできないものも含めて、不完全な情報のフローとストックの両方の特性を補うための第三の装置が図書館である。

日本最大の図書館である国立国会図書館が提供しているポータルサイト「リサーチ・ナビ」をみ

ておこう（http://rnavi.ndl.go.jp）。ここは、同館職員が調べものに有用であると判断した図書館資料、ウェブサイト、各種データベース、関係機関情報を、特定のテーマ、資料群別に紹介するものである。図4はそのなかの「調べ方案内」で、印刷物かネット上のものかを問わず、調査のプロが紹介する公開された情報源が体系的に配置されている。また、同館は日本最大のデジタルアーカイブとデジタル行政情報を提供する機関でもあり、ここではデジタルコンテンツに自由にアクセスできる。ここを訪れることで、図書館が調査を支援し、情報リテラシーを学ぶための最良の機関であることを体験できる。

第3章　情報リテラシー教育の必要性

1　ネットを使いこなす?

情報リテラシー理解の違い

文部科学省は2003年から実施の後期中等教育の学習指導要領において、新たな教科として「情報」を設置し、「情報及び情報技術を活用するための知識と技能を習得させ、情報に関する科学的な見方や考え方を養うとともに、社会の中で情報及び情報技術が果たしている役割や影響を理解させ、社会の情報化の進展に主体的に対応できる能力と態度を育てる」としている。ここに挙げられた「情報技術の活用」「情報についての科学的な見方」「社会のなかでの情報や情報技術」の3つの要素は、通常、「情報活用能力」という概念でくくられている。情報活用能力こそが日本的な情報リテラシー理解の典型であるとともに、文科省がこのように推進することによって、規範ともなってしまっている。

情報通信技術（ＩＣＴ）をベースにした日本的な情報リテラシー理解がどんなものかは、毎年多数出版される大学新入生向けの「情報リテラシー」を書名にしたテキストブックを見るとわかる。いずれも内容的には、初学者を対象にコンピュータの基礎知識を平易に解説したもので、仕組みと情報ネットワークについて説明した後、ワープロ、プレゼンテーション、表計算ソフトの三大ツールの使い方を通してソフトウェアの使用法を学ばせ、簡単なプログラム作成あるいはウェブページ作成を指導し、併せてネットワークを使用する上でのセキュリティ、個人情報、著作権等の知識を習得させるものが多い。

日本にもコンピュータリテラシーと情報リテラシーを区別する議論がある。だがその議論にしても、コンピュータリテラシーは、コンピュータシステムの技術的側面を中心にして、システム開発のための基礎知識を指すのに対して、情報リテラシーは普通の利用者がコンピュータシステムを使いこなすための幅広い知識を指すものとすることが多い。いずれにせよ、コンピュータシステムおよび情報ネットワークに関する知識を対象にしている点で大きな違いはない。

日本の大学進学率はすでに同世代の50％を超えて、マーチン・トロウが定義した大学の社会的位置づけがエリート段階（15％以下）、マス段階（15-50％）、ユニバーサル段階（50％以上）のなかのユニバーサル段階に達している。２００８年に中央教育審議会は「学士課程教育の構築に向けて（答申）」を公表し、「学士力」、つまり大学4年間で身につける学習成果の向上を課題の一つとした。

2. 汎用的技能
知的活動でも職業生活や社会生活でも必要な技能
(1) コミュニケーション・スキル
　日本語と特定の外国語を用いて、読み、書き、聞き、話すことができる。
(2) 数量的スキル
　自然や社会的事象について、シンボルを活用して分析し、理解し、表現することができる。
(3) 情報リテラシー
　情報通信技術（ICT）を用いて、多様な情報を収集・分析して適正に判断し、モラルに則って効果的に活用することができる。
(4) 論理的思考力
　情報や知識を複眼的、論理的に分析し、表現できる。
(5) 問題解決力
　問題を発見し、解決に必要な情報を収集・分析・整理し、その問題を確実に解決できる。

図5　「学士力」中の汎用的技能

学士力の二番目に、「汎用的技能」としてコミュニケーション・スキル、数量的スキル、情報リテラシー、論理的思考力、問題解決力を挙げた（http://www.mext.go.jp/b_menu/shingi/chukyo/chukyo0/toushin/1217067.htm）（図5）。四番目には「総合的な学習経験と創造的思考力」という項目がある。

汎用的技能にある情報リテラシーは情報通信技術が前面に出ている点ではこれまでの理解を踏襲しているが、(4)の論理的思考力や(5)の問題解決力と合わせてみると、ここにはもっと総合的に大学での学習や研究に必要な知的技能を取り上げようという考え方を見て取ることができる。これを受けて、最近では「リサーチリテラシー」とか「アカデミックスキルズ」と呼ばれる大学生向けの手引き書が増えている。

しかし、情報通信技術の修得を中心とした情報リテラシー理解が日本特有のものであり、国際的な理解と違っていることはあまり知られていない。国際的には上記のような内容はあくまでもコンピュータリテラシーとリサーチリテラシーを合わせたものである。情報リテラシーをどう定義するかにはさまざまな議論があったが、現在は大学研究図書館協会（ACRL）が「高等教育のための情報リテラシー能力基準」において行った定義が広く使われていて、ここでも手がかりになる。それは、

情報が必要なことを認識したときに、必要な情報を効果的に探索し、評価し、利用することができる人に要求される一連の能力

というものである（ACRL 2000）。ACRLはアメリカ図書館協会（ALA）の一つの部門であり、この文書はその後の情報リテラシーの議論を行うときに必ず参照されることになる。

この定義によると、情報リテラシーは、日本人の理解において中心にあった情報システムの利用を含むことは確かだが、想定されている情報環境がコンピュータを用いた情報システムだけに限られない。図書館関係団体が定義に関与しているように、ここでは図書館も含めた一般的な情報利用環境における情報のありようが問題にされている。

また利用するだけでなく、探索し、評価することが前面に出ているのが特徴である。システムを利用して得られるものをそのまま受け取るのではなく、探し求め、得られたものを評価し、もしそ

れが自分の求めているものと違っているなら、さらなる探究と評価の行為に移るというダイナミックな過程が想定されている。日本的な理解がコンピュータシステム利用法の習得を中心にしているとすれば、この定義は、情報環境全体から情報を得るための能力全般を指す。

もっと言えば、日本の理解は情報システム開発者から利用者の視点に変わりつつあるといえ、どちらかといえば定型的な学習スキルを重視しているのに対して、アメリカの定義は情報利用の認知的・評価的な側面が重視されている。

知的コンテンツに踏み込む

インターネット利用についての情報リテラシー教育の違いがどのように現れるかを考えてみよう。日本では、インターネットが、コンピュータネットワークどうしを通信プロトコルと呼ばれる共通の約束ごとで結びつけたものであり、これによって世界中のコンピュータを相互に連結することができ、メールなどの情報の交換やウェブによる一斉の情報提供が可能になった、という説明から始まる。そして、こうしたサービスの仕組みと使用する方法を学び、場合によってウェブのページを自分で作成してみる指導を行う。

その際に、個々のサービス内容には踏み込まない。もちろん、インターネットを使用する際にセキュリティの問題がつきまとうことや、倫理的な問題、個人情報、著作権の保護についての注意を促すことは行う。しかしながら、あくまでも一般的な注意であって、それぞれのサービスが何を提供し、そのサービス内容がどんなもので利用するにあたってどのような注意がいるかといった点については扱わない。技術的一般的な関心は寄せるが、内容的には中立という立場をとるのである。

それに対して、アメリカ的な情報リテラシーは技術的な部分については軽くすませて、個々のサービスが何を提供するものなのか、利用するためにはどのような方法がありそこからどのような情報が引き出せるのか、その情報はどのような特性の情報であり、どのように利用するのがよいのか、といった内容のあり方、利用の仕方、さらにはその内容の評価にまで踏み込む。

情報リテラシー教材としてのウィキペディア

これをウィキペディアというよく利用されるネット百科事典を例にして見ておこう。意味が分からない用語や人名、地名、機関名などがあったときに、気軽に調べるツールとして広く使われている。日本的な情報リテラシー概念だと、とりあえずはこのツールは検索窓があり、そこにキーワードを入れればすぐに該当する項目内容が出てくる便利なシステムという理解である。

これまでの百科事典は、編集者がまず基本的な項目名を列挙し、それぞれの項目について専門家を選んで一定の執筆基準のもとに書くことを依頼し、出てきた原稿を慎重に編集校正してつくられていた。これに対して、ウィキペディアはネットの利用者が自由に参加して執筆編集する協同構築の百科事典である。そのため、項目自体がそれぞれの思いつきで挙げられる可能性がある。また執筆者によって書かれる内容に精粗があり、ばらつきが大きい。そもそも意図的に特定の立場からの主張をベースに執筆された項目もあるかもしれない。あるいは執筆者が正しいと考えて書いたことが誤っているかもしれない。協同構築はそういう場合に、別の人が修正して徐々によりよいものになっていくサイクルの存在が想定されているが、それが働くかどうかは誰も保証できない。

だから、ちょっと前だとウィキペディアは内容的ないかがわしさと利用にあたってのあまりの簡便性のために、学習用には使うべきではないという教育者も少なくなかった。そこには、よいものを苦労して学ばなければ身につかないという思想がある。今でも、このツールについて教育の場で触れるときには、誰でも内容構築に参加できるものであり、匿名の作り手によって協同構築されるものだから、使用については慎重さが要求されると付け加えるのが一般的であろう。

だが、アメリカ的な情報リテラシーの考え方ではこれは優れた教材になる。つくられる過程をきちんと理解して使えばよいということになる。

たとえば、ウィキペディアで情報リテラシーについて調べようとする。すると、項目名として「情報リテラシー」「インフォメーションリテラシー」がありえるし、「リテラシー」という表記と「リテラシ」という表記もある。両方が項目になり、それぞれが執筆者の考え方から独自に解説されることがありうる。また、これまで述べてきたように情報リテラシーに日本的な理解とアメリカ的な理解があるわけだが、どちらの立場で書くのか、双方の立場を理解した上で説明するのかといった問題もある。項目が書かれる過程でこれらの点は相互のやりとりがあって調整されながら、共通理解が表現されてどこかに落ちつくものと考えられるが、しかし、その途中の段階で参照すれば混乱することがありえよう。

アメリカ的な情報リテラシー理解ではこのようなことがあることを前提として、ここから自分なりの正しい情報の獲得のしかたを教示する。まず、ウィキペディアのつくられかたを学ばせ、これを全面的に信頼することはできないことを理解させる。探索プロセスとしては用語の選定について、同義語や類義語を試してみて、用語のコントロールができているかどうかをみる。また、利用・評価プロセスとしては別のツールや文献を参照して相互に比較するといったものである。

ウィキペディアには注や参考文献の一覧がついているのが普通であるが、これは評価プロセスにおいて重要な役割をする。つまり執筆者が何を参考にして書いているのかを示すだけでなく、文献を参照することでより確実な知識に近づくことが可能になるかもしれないからである。

参考文献の存在は、項目の知的な根拠を明確にするとともに、知的コンテンツの相互ネットワークの存在を示唆する。アメリカの情報リテラシーはこのように、内容に踏み込んで、情報や知識を獲得するための方法を伝える役割を果たす。参考文献や注は、ウィキペディアの書式に最初から組み込んであるから、仕組みそのものに、情報リテラシー的な要素が埋め込まれているとも言える。

なお、念のために付け加えれば、現在の日本のウィキペディアでは「インフォメーションリテラシー」の項目には解説がなくて「情報リテラシー」への参照がついている。また、「情報リテラシー」では日本的理解と外国での理解の双方を説明する書き方になっている。これは、この用語に関して協同構築による編集作業も含めてよいサイクルができていることを意味している。3つの注がついていてアメリカのサイトをすぐに参照することができる。参考文献はつけられていない。

他方、英語版 Wikipedia の "information literacy" の項目では、リテラシーやコンピュータリテラシー、批判的思考（critical thinking）といった関連用語との関係の説明はあるが、基本的にはアメリカ的な情報リテラシーの理解をかなり詳細に展開して解説している。そこには61の注が付けられている他、各種の報告書類への情報源参照が７つ付き、参考文献が22付けられている（日米いずれも２０１７年8月20日現在）。このページ自体が情報リテラシーを学ぶための方法のサンプルページにもなっている。

ネット社会におけるコンテンツはいずれもその信頼性について留保がつけられている。受け手がそれを判断しながら利用していく他ない。ウィキペディアがネット社会における情報リテラシーを身につけるための教材として優れているのは、自らの信頼性に限界があることを前提として、それを確保するための仕掛けがほどこされているところに認められる。

2　情報リテラシーの過程

情報リテラシーと情報産業

情報リテラシーという用語の初出は、１９７４年にアメリカの情報産業協会の会長ポール・ザコウスキーが全米図書館情報学会議（ＮＣＬＩＳ）の席上で提起したものと言われている。この会議は連邦政府が全米的な図書館振興のために発足させた機関であったが、ザコウスキーは１９７０年代前半というコンピュータ自体の普及が始まりだした時代に、図書館関係者に対する情報産業界からのメッセージとして次のように述べている（Zurkowski 1974）。

情報資源を自分の仕事に適用できるように訓練を受けた人は情報リテラシーがあるといえる。彼らは、広範囲の情報ツールと一次的情報源を利用するためのテクニックとスキルを学んでいるために、情報を使って自らの問題解決をすることができる。

そして、この講演では民間セクターと図書館とが市民の情報リテラシー向上のために協力すべきことが提言されている。

コンピュータネットワークを用いた自動化装置の開発は１９７０年代に大学や産業界などさまざまな分野で始まっていた。現在でもアメリカの図書館目録電子化ネットワークの中心にある非営利の書誌ユーティリティＯＣＬＣは、１９６７年にオハイオ州立大学における図書館機械化の開発プロジェクトとして始まり、１９７０年代になるとオンラインでの目録作業を行うためのシステムとして普及した。図書館における動きは、最初は目録データを共有して利用し合うプロジェクトとして始まったが、徐々に本自体、あるいはコンテンツを提供するシステムへと移行していく。ザコウスキーの提言は、人々が図書館で本を読むように、近い将来、図書館が電子的なコンテンツを提供する情報サービスの拠点となることを予見したものである。情報リテラシー概念が最初から図書館と情報産業を結びつけるものとして提案されたことは注目されるべきである。

その後、この概念は図書館関係者を中心に発展を遂げた。資料を収集し、保存し、提供することを主たる職務とする図書館員にとって、従来、資料を提供することがそのまま社会における知識生産や知識利用の過程に貢献することだったが、新しい情報機器がその役割を代替するのではないかとの危機感があった。だが、情報リテラシーの概念は、情報サービスという概念とともに、新しいデジタル情報社会においても図書館がこうした知的プロセスの一翼を担う存在であることを主張するための鍵となる概念として積極的に用いられるようになった。

事実から知恵へ

アメリカの情報リテラシーの標準的解説書であるマイケル・B・アイゼンバーグらの『情報リテラシー——情報時代のための基本的技能』(Eisenberg et al. 2004)は、経営情報論の専門家(S. H. Haeckel および R. L. Nolan)による図を用いて情報リテラシーの過程を説明した。「事実」から「知恵」に至る概念を、ビジネスの場面に照らした事例を用いて階層構造で示すものである(図6)。

一番下の「事実(fact)」から始まる。事実とは真理と見なされるものを伴った観察とされている。ここでは「ピッツバーグとインディアナポリスでは売り上げが減少している」という例が挙げられている。これに、その事実に関する「文脈(context)」が加わることで、事実は「情報(information）」となる。情報の例としては、「売り上げは次の4つの条件が同時に当てはまる2市でのみ減少している。その条件とは、当社が価格を引き上げたこと、そして、競合他社は特別価格を提示し始めたこと、天候が季節外れの寒波となったこと、そして新築家屋の建設が急激に落ち込んだこと。」そして、これに「推論（inference）」が加わることで情報は「理解（intelligence）」となる。ここでの理解は「多次元線形回帰分析を行うことにより、売り上げは当社と競合他社とのあいだの価格差と強い相関があることが分かる」というものである。この理解に客観的ないし主観的「確信（certitude）」が加わり、「知識（knowledge）」になる。「知識」は「ピッツバーグとインディアナポリスの売り上げは、当社が価格を上げ競合他社が価格を引き下げたために下落した。他市でも過去3年間に4回同じことが起こっている」である。そしてこの知識に、多種の知識が「統合（synthesis）」されることで、「知恵（wisdom）」となる。「知恵」は「競争価格を予測した販売促進戦略を立てることを当社の価格設定過程に含める」である。

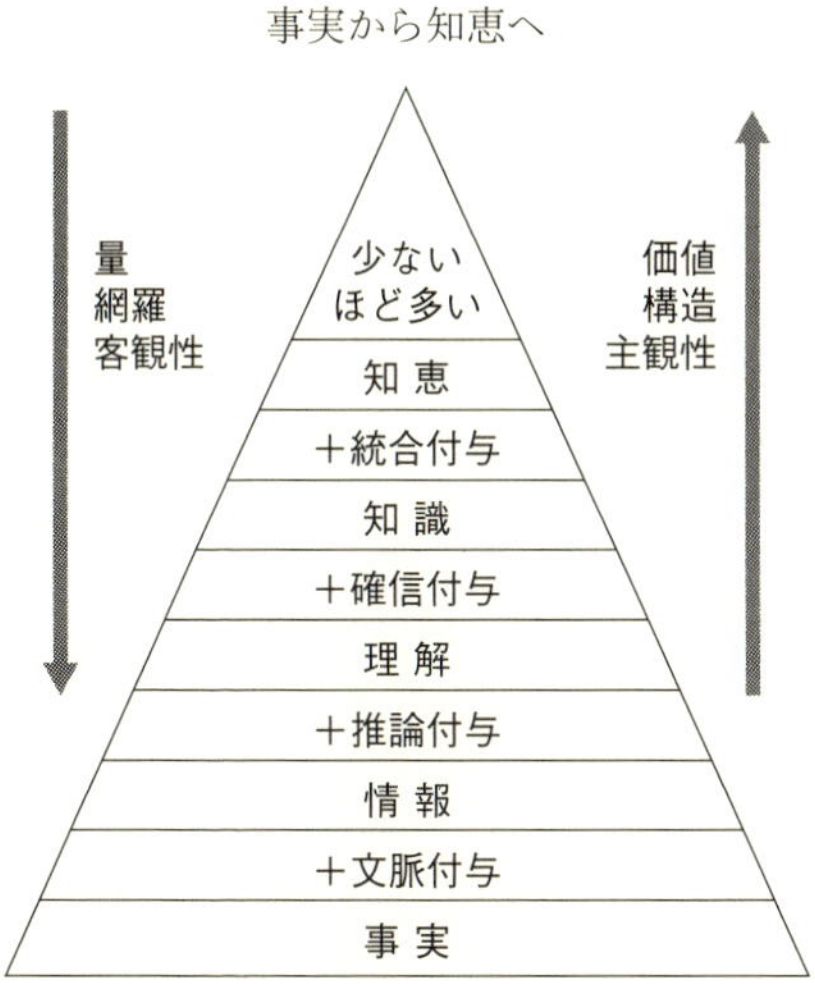

図6　情報リテラシーの過程

図の左側の下降の矢印は「量、網羅、客観性」を示し、右側の上昇の矢印は「価値、構造、主観性」を示している。事実から知恵に至る過程で、データや情報は網羅的に集められ量的に多い状態から、上に昇るにつれて量は少ないが構造を把握し、主観も含めた価値判断を行う状態に移っていく。そして、頂点には「少ないほど多い "Less is More"」という格言が掲げられている。これは情報リテラシーが、大量のデータや情報を処理するための階層的な知的過程を昇っていくことで、正しい行動を導くための真の知恵に結びつくことを指しているわけである。

ここで用いられている情報、理解、知識、知恵といった概念が意味するものや相互の関係は、必ずしも安定したものではない。哲学、心理学、教育学、経済学、社会学など領域や語る人の立場によってかなり異なった定義がなされるし、このような単純な階層構造で全体を捉えられるとは限らない。しかしながら、いくつかの認知的あるいは学習的過程の連鎖を通して、事実やデータから個人あるいは集団にとっての行動の規範が導き出されるという指摘は、私たちの議論に使えるものである。

情報リテラシーの過程

このような理解に基づく情報リテラシー過程をさらに詳しく見ておこう。

まず「事実」を集める過程がある。この例ではビジネスにおいて社内で報告された売り上げのデータから得られたものだが、通常の学習過程においては何らかの前提として提示された課題であったり、何かの文献を読んで得られたことで学習者が興味をもったものであったりするだろう。得られている事実に、いくつかの売り上げに関わる事実を組み合わせた「文脈」が加えられることで「情報」になる。ここでは、4つの条件があるときに売り上げが下がっているという気づきが加わって情報となっている。この段階ではこの事実が何を意味するのか分からないので、文脈を明らかにするために関連の事実を集めたり、それについて考察したりして初めて事実が文脈を伴った情報となる。

この情報を「理解」するために、ここでは売り上げと価格の関係について回帰分析という統計学の方法を用いた「推論」を行っている。この情報の確からしさを明らかにする方法であるが、この例では統計学に依拠しているが、他にもさまざまありうる。それはどのようなシチュエーションが設定されているかによって異なるが、文献調査であったり、社会調査であったり、インタビューや観察であったり、心理学的な実験であったりするかもしれない。いずれも説得力をもつ方法によることが必要であり、学術的方法によることが一般的だろう。

理解したものに加えて、統計学の意義を確認し、さらに類似経験を組み合わせることで「確信」を得て、単なる理解は「知識」という汎用性をもつものになる。確信を得るのに過去の経験や内部的な理解で十分ではないときには、他者の意見を求めたり文献による確認をしたりすることになる。つまり学術研究によって定式化されているものや、一般的に言われていることを取り入れることで理解していたものが知識となるのである。

そして最後に、この知識をもとにさまざまな知識を「統合」し、会社としての行動規範を打ち立てたことで「知恵」になったというものである。それぞれのプロセスでは客観的で単純なものから、それらを組み合わせたり、分析や統合化を行ったり、科学的な推論を行ったりし、さらに自らの経験も含めて、より高度で価値的な判断を加えたものに変化している。その際に、自らの経験、外部的な情報、そして科学的方法といったものを組み合わせている。

つまり、情報リテラシーとは、不確実な事実を、外部的な事実、情報、理解、知識を取り入れながら確実なものにしていって、最終的には何らかの思考、判断、行動に結びつけるための過程なのである。そこでは個人の経験や組織内部に蓄積されたものだけでなく、他者との議論やアドバイス、有効性を検証する方法や外部的な情報・知識をうまく自らの目的に沿って組織化する必要がある。組織化の方法が文脈、推論、確信、統合といったものであり、これらこそが情報リテラシー過程をつくりだす手法である。

情報リテラシーの手法

内部的な過程としてのこの動的な変換は、それぞれの学習者がどのような学習＝行動のレベルにあるのかによってかなり異なるプロセスとなる。文脈は、事実や情報、理解、知識、知恵を集めてその関係を整理することである。推論はそれらの確からしさを検証することである。検証の方法についてはさまざまありうることについてはすでに述べたが、これに踏み込めば通常リサーチリテラシーと呼ばれる領域になる。そして、確信と統合は、推論の過程を経たもの（理解）をより上位の知識や知恵に移行させる手法である。

本書では、これらが外部に報告されたものをとくに区別せずにコンテンツと呼んできた。内部的なものとしては階層的区別に意味があるが、外部的に使用されるときには区別せずに使用される。これらは相対的な概念にすぎないから、ある人にとっての事実は別の人にとってはすでに文脈を備えた理解になっていることもありうる。つまり、先ほどの例で言えば、事実の文脈をつくるときに他社が公表した事実のデータを用いるだけでなく、一般的な景気動向を予想した情報とか研究者が公表した意思決定の研究（知識）を参考にする場合があるということである。

アメリカではコンテンツ利用が情報リテラシーの中心に位置付けられる傾向が強かった。外部に示された事実や情報、理解、知識、知恵はコンテンツとして利用可能になっているから、これらを利用可能にする環境をいかにつくるかが大きな課題であった。これはコンテンツ提供を中心的役割と自認する図書館関係者が情報リテラシー概念普及の中心的な役割を担ってきたことがあったからである。だが、情報リテラシーの議論が深まれば、単にコンテンツの収集提供を行うためのツールの整備やスキル的な学びを伝えるだけでは、コンテンツを基にした思考や判断を行うことは困難になる。各層にわたるコンテンツが個々の学習者や市民にとって文脈、推論や確信、統合の動的過程の推進に貢献していることを理解しなければならない。

レファレンスとは何か

事実の文脈を探って情報にし、情報を集め推論を加えて理解し、理解したものにさらに確信を加えて知識とし、知識を統合して知恵に変換すること、一般化すればこのように表現できる。これらは内部的な過程であると同時に、それは外部に報告されたり公表されたりするものでもある。

こうした過程に欠くことができない文脈や推論や確信、統合が行われるために種々の手法が知られている。学術的な調査手法や実験、観察など研究方法と呼ばれるものがあり、また、それらを行うための補助的手段である統計学や推論や帰納法などの論理学もまたそれにあたる。だが外部に報告されたり公表されたりした事実、情報、理解、知識にアクセスすることもまた重要な手法である。アクセス手法として、直接的なコミュニケーションによるものと、いったん外部化されてコンテンツ化されたものにアクセスするものとの2種類がある。前者は、当該課題に詳しい知人に相談するとか、専門家に話を聞くといった方法である。

それに対して、コンテンツ化されて外部に存在するものにアクセスするための方法としてレファレンス（参照行為）がある。レファレンスには主として、知的コンテンツを要約して示すコンテンツ表示と、コンテンツの内部あるいはコンテンツ間の相互の関係を示す書誌参照を通じて別のコンテンツにアクセスする手法の2種類がある。

コンテンツ表示は、あることについて知られていること、報告されていることを要約的に示しているものである。表示されたものにアクセスすれば、知られていること、報告されていることの概要を知ることができる。知られていることを体系的に記述し、読めば一通りの知識が得られるようなまとめになっているものである。要約はある種の編集行為であり、これ自体が情報リテラシーの過程を踏んで作成されていなければならない。

これに対して、書誌参照は知られていること、報告されていることについてのコンテンツの固有名や参照するためのタグ等を記述することで、それを手がかりにそのコンテンツにアクセスすることである。通常、一定の手続きに従って共有されたルール（目録規則とか書誌記録の記述ルールと呼ばれる）に基づき、タイトル、責任表示、版、出版者、出版年、参照番号などを記述する。目録とか書誌と呼ばれるツールはこの記述をデータベース化したもので、これを使えば文献を検索しそれにアクセスすることが可能になる。

なお、索引というツールは書誌参照の一種であるが、一つのコンテンツを独立した知的な実体とみるのではなく、そのなかに多数のコンテンツが含まれる集合体と捉えて、個々の内部コンテンツにアクセスするためのものである。前に触れた画集に含まれる絵画の索引や、図書の巻末索引がある。百科事典の索引やテキスト中の語単位にアクセス可能にした全文データベースもそこに含まれるだろう。

こうしたレファレンスを可能にするツールはコンテンツ自体についていたり、ネット上に作成されていたり、図書館で用意されていたりする。ウィキペディアはコンテンツ表示を中心とするものであるが、同時に書誌参照を行うツールでもある。図書館はコンテンツを用意し、それらに対する書誌参照やレファレンスを行うためのツールを整備し、さらに専門職員によって支援業務を行うための機関である。この業務をレファレンスサービスと呼んでいる。

3　日本における情報リテラシーの課題

学習のための情報リテラシー

日本では情報リテラシーの用語がコンピュータリテラシーと同義で用いられることが多かった。近年、情報リテラシーの教科書で学習者の情報の収集から推論の方法までを扱ったものが出始めているが、情報リテラシー概念の全体像が示されているとは言えない。ここでは、日本における情報リテラシーの課題を述べておこう（日本図書館協会図書館利用教育委員会 2010）。

まず、学習のための情報リテラシーである。少なくとも初等中等教育課程までは、学習カリキュラムが知識レベルの導きになり、学年に即して展開されるので、情報リテラシーの教育ツールもそれぞれの課程によって異なってくるだろう。

「学び」という言葉は「真似《まね》び」から来ていると言われる。後に見るように、江戸時代の寺子屋での初期の学習は手習いと呼ばれ、師匠が書いたものやお手本があってその通りに真似をして書くことから学習が始まった。お手本のある学びはその後も続き、明治以降の学校カリキュラムにおいても、教科書があってそこに書かれている知識をそのまま受け入れて頭に入れることが求められた。

このような学習はリテラシーを身につけるような基礎的なものには有効であることが多い。

もちろん、学びのスタイルはそれだけではない。理科教育においては実験や観察が取り入れられ、学習者自らが体験することが重視されている。社会科教育においても地域でのフィールドワークや専門家からの聞き取りが行われる。問題は、これらの体験的な学習もカリキュラムで用意された学習コンテンツに吸収されがちなことである。個々の学習者の学習過程は、一定の課題のもとに事実から始まり情報、理解、知識、知恵に高められることが目標となるのに、途中の過程をとばして最初から知識や知恵が用意されているなら、情報リテラシーを身につける機会はない。日本の学校のカリキュラムや学習方法はこのような問題を抱え込んでいた。それは教育評価の問題でもある。

大学教育においても、新入生にコンピュータリテラシーとリサーチリテラシーを施すことを中心にしている情報リテラシー教育の現状があり、問題が多い。いずれも技術的なレベルでとどまっていて、学び手自らが学習課題を設定してプロセスをたどるような指導が行われにくい状況がある。学生は技術的なことを学んだあとは、それぞれの授業のなかで用意された課題に取り組むが、情報リテラシー過程を意識した課題設定が行われることはあまりない。そして、卒業論文を書くときになってようやく情報リテラシーをもとにした研究活動を行うことが要求されるが、大学での学びが必ずしもそのような順を追ったものになっていないのである。卒業生が体系的な情報リテラシーを身につけて卒業しているとは言いにくい大学教育の問題構造がそこにある。

こうした状況に対する図書館関係者からの提案として、国立大学図書館協会は、「高等教育のための情報リテラシー基準二〇一五年版」を公表して、大学教育改革のための提言を行った。(http://www.janul.jp/j/projects/sftl/sftl201503b.pdf) これに対して、大学関係者からの積極的な応答が待たれているところである。

仕事・生活のための情報リテラシー

本来なら初等中等学校や大学で学んでいるべき情報リテラシーの重要性は、社会においても特別に意識されることはなかった。先ほどの例のようなビジネスにおける意思決定において、他社に関する情報や商品価格に関する情報、そして業界全体の販売額の統計情報、また、こうしたものを分析した調査報告、さらにはこれらを学術研究の素材にして研究した論文といったものをどのように入手し、仕事にどのように反映させるのかのノウハウは、個々の職場や個々の人のスキルに委ねられている。これらのコンテンツは内部的に調達できるような仕組みがあったり、またネットで容易に入手できるものも少なくないが、ビジネスのような競争的な場においては他にはないような情報を集めて分析・統合できることが必要であり、そのためには情報リテラシーのスキルが重要となることが認識されてはいない。

これはビジネスに限らず、たとえば行政官庁における意思決定においても同様で、情報を集め分析し意思決定するためのノウハウは広く共有されているとは言えない。また、政府は市民に情報を開示し、それに対する世論や陳情、メディア報道、識者の意見などを取り入れながら意思決定をする。とくに市民の政治参加によってそれが行われるときに、政治的な情報リテラシーが市民にどの程度備わっているかは重要なポイントとなる。市民の情報アクセスに関しては、買い物、健康・医療などあらゆる日常のことに関して、自らが主体的に生活・行動できるかどうかも問われる。

これらのことは以前から言われていることではあるが、改めて市民的な情報リテラシーの確保が話題になっている。たとえば市民が情報リテラシーを身につけるための指南書が出ている（宮内 2004, 奥野 2016, 寺尾 2017）。これらは、インターネットだけに頼らずに情報をさぐる能力、とくに図書館を使いこなすスキルを指南するための本である。ようやくこういう本が書かれる時代が来たのかという感がするのは、これまで図書館は情報リテラシーを実現する場と考えられてきていなかったからである。

今のところ、そうした市民レベルの日常的な情報リテラシーについては議論されるようになったが、より専門的なビジネスや政策決定などの場における情報リテラシーについては十分な目配りがなされているとは言えない。

研究のための情報リテラシー

これは学術研究の分野も同様である。学問の方法は分野ごとに確立されている。だが情報リテラシーがそのなかに組み込まれているかといえば、これは必ずしもそうではない。大学の学部教育は大教室による講義と小クラスのゼミナール、そして卒業論文の執筆という過程において、コンピュータリテラシーや研究方法と論文の書き方を指導するリサーチリテラシーの教育は行われていても、情報リテラシーは一部の大学や学部・研究科を除くと無視される傾向があった。また、大学院教育においては研究室内の師弟関係の環境で見よう見まねで方法が伝授されてきたが、必ずしも体系的な情報リテラシー教育が行われているとはいえない。

それでも、研究分野においては大規模な学術情報データベースが普及していて、それに依拠すればある程度は情報リテラシーを学ぶことができる。国内では、国立情報学研究所（ＮＩＩ）が分野横断的な学術情報データベースであるCiNiiを無料でネットに公開していて、これで国内の大学図書館の蔵書と学術雑誌掲載論文、そして学位論文を検索することが可能である。科学技術については、論文データベースとして科学技術振興機構（ＪＳＴ）が提供している科学技術情報発信・流通総合システム（J-STAGE）があり検索することが可能である。

また、科学技術分野に限らず、どの分野でも国際的な学術交流が盛んであり、国際学会において英語で口頭発表し、学会誌に英語論文を掲載することが勧奨されている。これらの多くは電子ジャーナル化されている。それらを検索し利用するための国際的なデータベースもあって研究者の間で利用されている。ScienceDirect（Elsevier）、ProQuest、EBSCOhost、Web of Science（Thomson Reuters）といったものである。ただし、これらの利用には高額の契約料が必要なので機関で契約して利用するのが一般的であり、個人で利用するためには国立国会図書館や大規模な公立図書館を利用する必要がある。

分野による違いも理解しておく必要がある。たとえば法学分野においては、法を構成する法源として憲法－法律－命令（政令・省令）－条例（規則）－判例があり、判例も下級審－上級審の区別があり、さらに判例の評釈がある。法源間の相互関係や入手法、使い方は法律の実務および法学研究において重要な部分を占めているので、法学の概説書では多かれ少なかれそれに触れている。これらの事情を詳細に解説した、いしかわまりこ・藤井康子・村井のり子『リーガル・リサーチ』は第5版（２０１６）まで刊行されていて、法学における情報リテラシーの解説書として定評がある。

歴史学も同様で、一次資料としての史料とは何か、これをどのように扱うのか、どこで入手するのかについて理解する必要がある。歴史学の入門書は必ずこの点について解説している。たとえば、山川出版社から出ている各国別の西欧史研究入門書は、時代別、テーマ別に研究を紹介しながら現在の研究水準を述べた後に、代表的な通史、時代別の研究書と研究のための参考図書（歴史事典、書誌、年表など）を紹介し、さらに、一次資料としての史料の利用の仕方を記述している（佐藤・中野 2011 など）。

法学や歴史学、文学などテキストに依存することが多い分野の研究入門書にその傾向が強いが、学習者が多い実務的な分野でも情報リテラシーを明確にしようという動きがある。たとえば、飯島史朗・石川さと子『生命科学・医療系のための情報リテラシー』（飯島・石川 2015）がある。ようやく情報リテラシーの国際的な理解に少しずつ近づいてきたといえよう。

第4章　文化史的背景

1　日本人のリテラシー

リテラシーは高かったのか

情報リテラシーについて考えるためには、まずリテラシーについて検討しておいた方がよいだろう。また、リテラシーは読む行為と密接に関係するものとして議論されるので、リテラシーを可能にするための学びや読書、そして関連する出版や図書館について検討したい。

本章では、それを近代が始まるところにまで遡って考え、次章では明治以降の知の歴史を辿ることにしよう。

江戸時代の日本では寺子屋での文字の読み書きの教育が盛んに行われ、庶民のリテラシーは一定のレベルに達し、それに対応して、大衆的な本の出版が始まっていたことについてはすでに触れた。

リテラシーは当時世界一の水準にあったとも言われ、これが明治以降の日本の近代化を促進する基盤的な要因になったという説も頻繁に語られている。

ここでは、最新の研究成果を参照しながら実際にどうだったのかについて検討してみたい。その際に、リテラシーのレベルだけではなく、当時の学習がどういう場でどのように行われたのか、また人々が出版された本に容易にアクセスできる状況だったのかにも注意を払っておこうと思う。これは図書館という社会的装置が日本でどのような発展を遂げてきたのかを明らかにするためにも必要な作業である。

そもそもリテラシーそのものを定義することがきわめて難しい。西欧でのリテラシーの議論は、婚姻時に教会の名簿に署名を残した人の割合をもって行うことが一般的である。だが、それがどの程度の人々をカバーしているかについて多々問題視されているところはある。キリスト教会のような一律の制度化された仕組みをもたない日本でのリテラシーの議論はもっと複雑である。署名記録はいろいろ残されてはいるので、多くの場合、それをもって識字資料とすることが行われている。しかしながら、そもそも文字には漢字とひらがな、カタカナがあり、それも毛筆で手書きで書かれ、くずし字の形はきわめて多様である。

たとえば「あ」には元字として「安」「阿」「愛」「悪」「亜」をくずしたものがあり、図7に示したようにそれぞれに多様な字体がある。だから、かなを読み書きするといっても、現代人が想像するほどやさしいことではなかった。私たちが使っている「あ」はこのなかの左上のものだが、これ

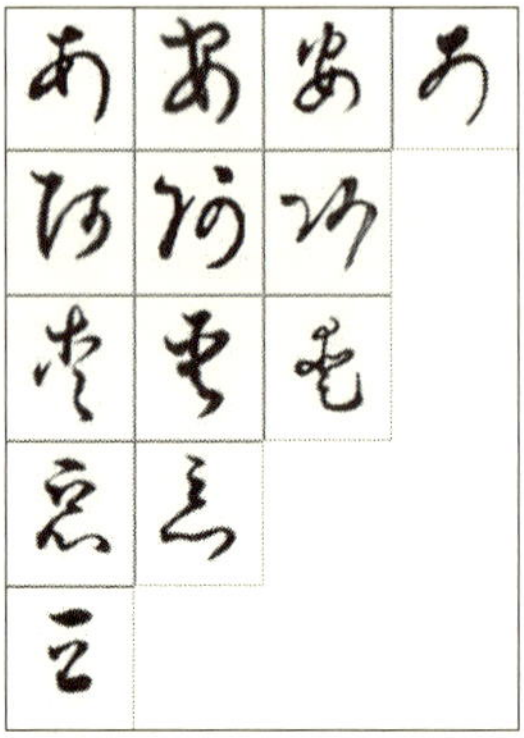
図７　「あ」のくずし字

は明治になって文部省が日本語表記教育の改革を通して統一したことで可能になった。

　単にかなで名前が書ける人が多かったというだけで、読み書きができたとは言えないかもしれない。武士と農民、商工業者で要求される水準が違う。農民や商工業者であってもどのような地位にあったのか、江戸や京都、大坂の三都なのか、地方城下町なのか、それ以外の農村部なのかによって、何を読むのかが違うし、要求される水準も違っていた。さらに、江戸時代は２００年以上も続いた。だから、江戸期のリテラシーといってもどの時点で見るのかによって違ってくる。

　日本のリテラシーの研究はまだ端緒についたばかりなのだが、注目すべき研究成果も見られる。

　幕末から明治初期に来日した外国人が残した手記や書物に、日本人のリテラシーの高さと読書好きなことが賞賛の声をもって書かれていることが知られている。それらを検討したアメリカの教育史学者ルビンジャーは、それは見聞きしたものの記述にすぎず幾分誇張されたものではないかと述べている（ルビンジャー 2008, pp. 218–224）。彼は欧米のリテラシー研究を踏まえつつ、江戸の初期から明治に至るリテラシーの変遷と地域による違いをマクロにみる検討を行い、江戸の初期にすでに村落の指導層には高いリテラシーがあったことを示す状況証拠があると述べている。ただ、それが農民の下位層すべてにまで普及することはなく、明治30年代になっての政府の調査（壮丁教育調査）

でも非識字率が10％未満の地域がある一方、50％を超える地域も少なからずあったという。

江戸時代は近代の始まり

駿河《するが》国御宿《みしゅく》村（現静岡県裾野市）で安政3年（1856）に村役人を選ぶための投票が行われた。現在でも投票用紙にあたる入札《いれふだ》が残されていて、近世史家高橋敏はこれをもとにしてリテラシーを推測している（高橋 2007）。それでいうと投票数の93・6％が名前を書いているが、白票や棄権を文字が読めないものとみて、識字率を約70％としている。入札が可能だったのは戸主だけであったが、少なくとも江戸末期の19世紀中頃の村における戸主層のリテラシーの実態が分かるものである。また、投票による役人の選出という方法を用いている点に注目し、「村人一人一人の読み書きは対立・混迷する村政打開の切り札になった」（同 p. 33）と述べている。これは、リテラシーが近代的な統治行為と密接な関係があったことを示唆するものである。

現在は、江戸期までは封建時代であり、近代は明治維新以降に始まったという時代区分そのものに疑問が呈されるようになっている。日本近世史の尾藤正英は『日本文化の歴史』（尾藤 2000）で、江戸が封建体制をとった時代であるという従来の見方を批判し、日本の歴史が応仁の乱（1467－77）を境にして二分され、それ以降新しい時代に入ったと述べる。そこでは、儒教が中国や朝鮮のように父系的な血縁集団（宗族）を規定する規範として働かず、江戸の鎖国体制のなかでは個人の道徳を重視し、共同体としての性格を持つ地域集団が形成され、その共同性と合理性を基礎に伝統文化が根付いたとしている。そうした知的な基盤を支えたものとしてリテラシーの高さがあるということができる。

2　武士の学びと庶民の学び

藩校

このところ、入札や花押《かおう》（署名）といったものを初めとして、さまざまな史料を読み解いて江戸の教育事情や識字の状況を解明する研究が増えている。それらによって、この時代の教育文化の豊かさが明らかになりつつある。それを武士階級の藩校と庶民のための寺子屋での学びにみてみよう。江戸の後半には、そのような階級的な区別を超えた学校も現れていたことも知られている。

武士が藩に所属している場合、藩士の師弟は藩校において学ぶのが一般的であった。藩校での学びは漢籍（四書五経）を読むことを中心とする。指導形態は、素読《そどく》、講義、会読、輪講、質問であった。だいたい7歳から10歳で入校したが、その段階ですでに家で手習いを学んでいて文字が読めることが前提である。ただ、藩校によっては予備教授として手習いを学べるところもあった。

学びの中心は素読である。これは四書（大学・中庸・論語・孟子）、五経（易経・書経・詩経・礼記・春秋）の経書を声に出して読むことである。これらの書物は漢文（白文）で書かれているが、それを声に出して読むためには返り点や句読点、音訓による読み、振りをつける必要がある。初学者が最初から自分でできるわけではないから、最初はそれがつけられているものを基に素読を繰り返し行う。それによって、読み方、漢字の意味を体得することができるようになり、練習を積むことによって白文をそのまま素読することが可能になるわけである。このように素読というのは単なる音読ではなくて、高度な知的作業を伴うトレーニングということになる。

素読が一定のレベルに達したら、教師から講義を受ける。素読で用いたテキスト（経書）について、教師の講義を基に内容を理解して身につける学習である。つまり、素読がどちらかというと身体で漢字を習得することであるなら、講義はそれを頭で理解する過程ということができる。両者があって初めて異国の文字である漢字を日本語として読むという行為が可能になる。

そして、一定の読書力と理解力とがつくられたところで、会読とか輪講と呼ばれるより上級の学習方法に移る。学び手が一室にあつまって、経典の所定の文章について、互いに問題をもちだし、討論したり、解決しきれないところを仲間とともに教師の意見をきき指導をあおいだりという共同学習である。

経書をテキストに、最初はリテラシーを獲得するための学びから出発するが、学習が音声を媒介にし、講義と会読・輪講を経ることでより高度の知識へとつながっていくことが特徴である。この学習法は、次章で述べるように、明治以降の学校が最初は音読を重視していてもやがて黙読に移ることが学習の目標となったことと対照的である。

寺子屋

庶民は寺子屋と呼ばれる私塾で学んだ。これは一方で手習い塾と呼ばれるように、毛筆で手本から写すことで文字を書く練習をする場である。寺子屋の師匠が記録した門人帳と呼ばれる名簿が大量に残されていて、その研究が進んでいる。文部省が編纂した『日本教育史資料』に明治初期に1万5000の手習い所と1500の私塾があったと記されているが、最近の研究では、手習い所の数は7万5000、私塾は6500あったと推定されている（大石 2007, p. 76）。ここでいう私塾とは、寺子屋以外に庶民が礼法や儒学、国学などを学んだところのことである。これら以外にも郷学《ごうがく》と呼ばれ、藩が下級武士や中上層の庶民の師弟を対象に開いた学校もあった。

教育史研究者の梅村佳代はさまざまな地域の手習い所門人帳を分析することで、近世民衆が寺子屋でどのような学びをしたのかについて明らかにし、それを次の5点にまとめている（梅村 2015）。

まず門人帳は入門してきた子どもの名と入門の年月、年齢、父親の名前と稼業と出身村を伝えているものであるが、全国各地で作成され、寺子屋の師匠の家に伝承されてきた。これにより、庶民の学びがわかるようになった。第二に、寺子屋の学びは数年間の手習い、読書に従事して教養力を身につけることによって行われ、その後稼業に従事したり奉公に出たりした。第三に、学ぶことは文字を筆記することで行われるが、師匠が子どもたちに往来物と呼ばれる教科書を与えることで、地域性を反映させながらも共通化した内容が学ばれた。第四に、寺子屋師匠は農民、武士、商人、僧侶、医師等々多様な階層・職業の人々であり、村落共同体での生活者として定住し、民衆と深く関わる位置にいた。第五に、近世後期から幕末期には、師匠は村の上層農民、名望層から、中位そして下層農民にまで拡がり、民衆の読み書き稽古は、身分制社会にありながらも身分を超えて広範な階層に拡がった。庶民による広範な文字学習が行われたのである。

このうち二番目の学び方について見てみたい。先に藩校においては漢籍を声に出して読む学びが行われていたことをみたが、寺子屋の学びは師匠と対座して手本が与えられて、それを毛筆で筆写することから始まった。その際に使われた手本が、仮名、文章、人名、村名、国尽《くにづくし》といった習字の手習い本や文例集、地名集（地往来）・人名集であり、学びが進めば商売往来、消息往来などの往来物と呼ばれたものに移った。往来物とは、商売とか日常生活で使う用語や書状の文例が漢字と仮名で示されたものである。

指導の最初は内容を学ぶよりも、文字をきれいに書く練習をすることを通して行われた。かなを学んだあとは次第にたくさんの漢字を学ぶようになる。先に手書き文字を学ぶことが簡単なことではなかったと書いた。とはいえ、江戸の後期になり寺子屋が普及した頃には、御家流《おいえりゅう》と呼ばれた統一書体で書かれた手本で学び、また木版本が普及するようになったので、負担は軽くなった。

手習いによっていったん文字を覚えると自在に読めるようになる。それにより、そこに含まれている考え方や知識を学んだり、物語を愉しんだりできるようになる。次はよく用いられた往来物の一節であるが、こういうものを声に出して読むことで人の道を学んでいったのである。

学問をするに、道をしらむ事を以て、心に善を行ひ、人を愛し、たすくるを以て事とすべし。これ学問の要とする所、本を務むるなり。もし才学のみに心を用ひ、みづから誇り、人を侮る者は、よまざるときより心ざまあしく、人にも譏《そし》り笑るるなり。慎むべし。

（山本精義『庭訓要語』天明六年〔1786〕）

梅村は、江戸の後期に地名を列挙する地往来の出版が盛んになることから、地域に対する関心が高まっていたこと、さらに手習い所で謡曲の稽古が広く行われていることにも着目し、手習い所が文字学習と教養を身につけることが相互にかかわって「器量」を形成する場でもあったとしている（同 p. 152）。幕府の正学とされた朱子学は武家の学問であったが、徐々に庶民レベルに広がっていった。往来物は実用的な教本であったが、そこでは朱子学をベースにした倫理がもっとも基本的な思想として説かれることが多かった。

3　文字社会の形成と民衆読書

文字社会とは何か

江戸時代にリテラシーを育成する基本的な条件である学びの場が形成されつつあったことを見てきた。学びは、本に記された文字を写して書くことや本を声に出して読むことによって行われる。

子どもたちは生後、まわりからの口頭でのはたらきかけによって話し言葉を自然に身につけて会話ができるようになるが、書き言葉を身につけるためには十分な長さの学びの過程を経る必要がある。

書き言葉の世界とは法や契約、学問の世界であり、また文芸の世界でもある。これらの世界は、中世までは貴族や僧侶、武士のような支配層に属していたと考えられる。だが、江戸時代になり、庶民によるこうした世界へのかかわりが徐々に進んでいった。兵農分離によって支配者と被支配者の意思疎通をすることが必要になり、農村では村請制《むらうけせい》と呼ばれる文書による統治が始まった。これは、村を単位として年貢・諸役の納入や触《ふれ》の遵守などを請け負わせることである。戸籍も村ごとに作成されたし、領主への出願や旅行や転居の際にも村の証明が必要であった。村の上層農民はこれを担っており、文字の読み書きができるだけでなく、こうした法の支配の原理を理解し、それに従い、また、村のなかで広める役割を果たした。

他方、江戸や上方などの都市部で、町人が商取引のために読み書き算盤の学びを当然とする商取引社会が形成されていた。手習いの後に算術を学ぶのは町人だけでなく農民も同様で、年貢の支払いなどに計算が必要であった。つまり、近世になると社会的仕組みが文字や数字を記録しそれをもとに文書をやりとりする法治と契約を前提とするものになった。文字が読み書きできて、文書作成ができる人々が活動し相互に交流する文字社会＝文書社会がつくられていたということになる。

文書社会では、構成員が単に文書が読み書きできるだけでなく、法的な秩序と経済における契約原理を前提としこれを是認することが必要である。文字の学びによって、手習い本によって儒教的な教えが伝えられ、その後にもさまざまな書物を素読しあるいは読み聞かせることで身につけられる倫理的な教養教育が行われたと言える。そもそも書物を「本」というのは、「物の本《もと》」すなわち真理や窮理を探求するためのものから来ている。かつて庶民の学びは仕事に直結する実用的なレベルのものを中心としていたと言われていたが、最近の研究では、近世の初期から庶民のあいだでも思想や文学のための読書が行われていたことがしだいに明らかにされている。江戸期の安定した社会のなかで読書はゆっくりと、都市と農村とを問わず、一部の上層の人々から中下層の人々へと広まっていった。

会読という学び方

江戸の末期になると、農民上層の男子に特別の私塾で学ぶものがあらわれ始めた。さまざまな私塾があったなかで、19世紀前半に豊後《ぶんご》国日田《ひた》に広瀬淡窓《ひろせたんそう》が開いた咸宜園《かんぎえん》は最大規模の漢学塾と言われた（以下この塾については、鈴木 2015による）。塾生は3割程度が僧侶で、あとは農民・商人・医師などで、武士の出のものは1割に満たなかったと言われる。各地から学びに来る塾生が後を絶たず、塾生名簿には4800名の名が残されている。学び方として、漢籍の講義と素読、そして輪読と会読が行われた。輪読とか会読は集団的な読書の方法である。教師が特定の書の講義をした後に、塾生が円座を組み順番にその書を音読していくのが輪読であり、講義の内容に関して塾生同士が質問応答方式で理解を確認し合うのが会読とか会講と呼ばれる学び方であった。ここでは入門時の年齢・学籍・身分家柄を問わない実力主義教育（三奪法）が行われ、塾生は塾則に基づく自治的な寄宿生活を送り学んだ。

近世思想史の前田勉は、江戸期の藩校や漢学塾、国学塾、蘭学塾で行われた会読を分析し、学び手が対等であり、相互に議論し合うことでコミュニケーション的場の形成が行われ、それが結社的なものにつながっていったと述べている。さらには、そこでの経験や培われた精神は明治維新を準備し、近代国家を成り立たせるための政治的公共性を養ったと述べている（前田 2012）。

これまで、江戸の教育は、寺子屋と藩校を中心に文字を読むための実用的なものであり、かつ儒教の教えを基にした倫理的な学びが行われていたという理解が一般的だった。前田の指摘で重要なのは、学ぶ内容ではなく学ぶ方法として会読が行われていたことである。中国から入ってきた漢籍に学ぶ漢学あるいは朱子学と、賀茂真淵・本居宣長によって体系化された国学、そして鎖国によって長崎出島を通じて入ってきた外国の知識である蘭学（洋学）はそれぞれの背景や内容、学ぶ目的は異なっていたが、いずれにおいても書物を皆で議論することで学ぶ会読という方法が用いられていたのである。

明治になってもしばらく会読は行われていたが、まもなく学びの場から姿を消していくことになる。前田は、明治5年（1872）の学制発布で近代的学校制度が定められたが、学校教育が殖産興業のための人材育成という実利的な目的を掲げたことで会読の意義がせばめられたことや、最初自主的な学びから始まった自由民権運動において、主張が大きな運動となるにつれて人々の学びが

「演説」による啓蒙という方法に移ったことなどが下火になる理由であったと論じた。またその背景には、江戸の会読が士農工商という秩序を前提とした、あくまでも個人的な学びであり遊びの要素も含んでいたのに対して、明治になって身分制度がなくなり学びがそのまま立身出世につながるものに変貌したことがあると指摘している（前田 2012,「第6章 会読の終焉」）。

本屋と出版物

日本の印刷出版史において、中世までは筆写による写本の時代であり、出版は春日版《かすがばん》とか五山版《ござんばん》と呼ばれる仏典の木版印刷が寺院で行われた程度である。近世になりキリシタン版と呼ばれる金属活字が用いられた本がつくられたり、朝鮮からもたらされた木活字による印刷も行われたりしているが、最終的に板木に文字や図柄を彫って印刷する整版本が主流になる。

近世文学の長友千代治は江戸時代の出版およびその流通について概観し、寛永年間（1624－44）頃から急速に、京都、大坂、江戸、名古屋の四都を中心とする都市部で出版活動が盛んになったと述べている（長友 2002）。寛永15年（1638）頃の刊行の『清水物語《きよみず》』は2、3000部も売った記録があるというから、出版がかなりの規模で行われていたことがわかる。

出版が成り立つためには、かなり高いレベルでのリテラシーをもつ人たちがいることに加えて、出版を工程として成り立たせるための仕掛けが必要になる。書き手、そして書かれた稿をもとに版下として筆で下書きをつくる筆耕や下絵を描く画工、版下をもとに板木に彫刻刀で文字や絵を刻む板木師、そして、板木に墨を塗って紙に印刷する摺師《すりし》といった専門家が必要である。書物は印刷するだけでなく、印刷した紙を折り重ねて丁合をとり、断裁し、表紙がけをして、冊子に綴じるところまでやる経師屋《きょうじや》がいて完成する。これらの過程をチームとして統率するのが本屋・版元である。本屋はこのように出版企画から印刷、製本を管理して本を制作した後、店先で本を売ることを業とする人たちであった。

こうした出版から販売までを行う本屋が江戸時代の初期の寛永年間に京都で72軒あったという。出版の中心は元禄期（１６８８－１７０４）には大坂に移り、江戸での出版は遅れて始まったが、まもなく京都以上の版元を擁する都市になっていった。書物は本屋に限らず、上記の出版工程にかかわる板木師、摺師、経師屋といった人たちの工房でも販売が行われていたし、江戸の後半になると行商人が街角で販売することも行われた。

古書店誠心堂の社主でもある橋口侯之介は、『国書総目録』（補訂版　岩波書店、１９８９－９１年）をデータベース化した「日本古典籍総合目録」（国文学研究資料館）を用いて、江戸時代の出版点数の推移を示している。『国書総目録』は、戦時色濃い昭和14年（１９３９）に岩波書店が全国の図書館が保持していた古典籍（国書）の目録１７０万点分を集め、これから選択した45万著作についての書誌データを一覧にして編集作業を続け、ようやく昭和54年（１９７９）に完結した大事業であった。これがその後、国文学研究資料館の手でデータベース化されインターネット上で利用可能になっている。これは、現在、古典的世界への入口としての役割を果たしているものだが、これを基にして江戸期の全著作のなかで発行年が分かるものの数をその順に並べたものが図8である（橋口 2007, p. 256）。

データベースから算出した年ごとの著作数の推移に10年の移動平均の近似曲線が適用されている。これを見るときの注意点としては、まず、発行年が江戸期と分かるものが合計で10万6000点であり、江戸期の推定著作数の4分の1である。また、データは書籍のうち、残されてさらに図書館に移され、保存されているものに限られているし、個々の図書館の目録記述法や標目のとり方の違いや、何をもって同一著作と同定するのかの揺れ、発行年をどこからとるかといったことによる誤差があると見てよいだろう。

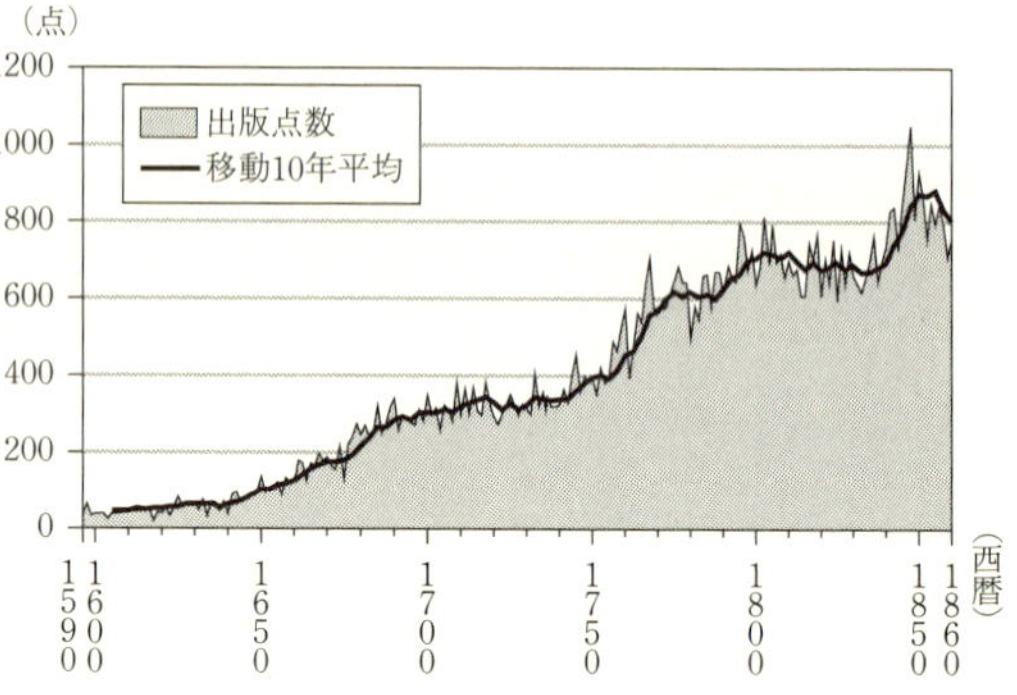

図8　江戸期の出版著作の年別推移

しかしながら、江戸期の出版物数のマクロな変遷を推測するのに使うことはできる。この図からはやはり江戸期全体を通して出版量が増えていったことがわかるし、17世紀前半の寛永年間の出版物の数倍の量が江戸の末期には発行されていたことがわかる。

江戸期にはかなり幅広い領域での出版が行われていた。それだけの市場が存在していたからである。幕府があった江戸は寛政の改革があった18世紀末までは出版統制が厳しかったと言われるが、19世紀になると戯作《げさく》文学と呼ばれる大衆的な出版が花開くことになる。戯作には絵が中心の草双紙《くさぞうし》と文章中心の読本《よみほん》があった。曲亭馬琴『南総里見八犬伝』などを代表作とする読本はさらに、式亭三馬『浮世風呂』、十返舎一九『東海道中膝栗毛』などの滑稽本や為永春水『春色梅児誉美《うめごよみ》』のような人情本というサブジャンルを生み出した。

文化文政時代（1804－30）頃になると、滑稽本や人情本は庶民向けの仮名草子と呼ばれる漢字かな交じり文で出版されるようになって、大衆向けの出版が花開くことになる。シリーズで年に1回程度出版されるものも多く、ベストセラーである『東海道中膝栗毛』は弥次郎兵衛と喜多八が江戸を出てから諸国を旅して江戸に帰ってくるまでに21年かかっている。この間読者は新刊の刊行を首を長くして待っていたという。絵がたくさん入った絵草紙は小さく折りたたまれて出版されていて、持ち運びに便利であり、どこにでも持っていって読めた。これは、今のコミックのようなものである。

こうした読書を媒介する仕組みとして貸本屋があった。大衆化しつつあったといってもいくつもの工程を経てつくられる本の値段は安くはないから、できるだけ安く本を読む手段としての貸本業が盛んになるのである。店舗をもっての商売ではなく、風呂敷に包んで背負いお得意さんをまわるのが一般的だった。天保年間（1830－44）には江戸には800の貸本屋があったという。

本屋は江戸に限らず地方都市や農村にも浸透していった。その全体像の把握は今後の課題のようだが、史料の分析による研究が行われている地方がある。たとえば、城下町和歌山には江戸期を通じて本屋が44軒あった。その内訳は小売と貸本を専門とするもの18軒、貸本を行いながら出版事業に進出したものが26軒である。出版を行った本屋のうちの4軒は100点以上を発行していた実績があったという。出版者は藩校やそれ以外の塾との関係をつくりながら出版活動を行っていた（須山 2016）。

書物の書かれ方と読まれ方

宮崎安貞《やすさだ》の『農業全書』（元禄10年〔1697〕）という書物がある。安貞は元和9年（1623）生まれ、30歳で福岡藩を辞めて牢人になり以後40年余村里で農事を業とした。彼が自らの営農体験を基に、中国の農書である徐光啓『農政全書』を読み、全国各地を巡って農民から教えを受けたことを加えて書いたのがこの書物である。

この書物が書かれる過程と出版される過程、そして当時の農業に関わる知識の生成と伝播について研究した横田冬彦は、次のことを指摘している（横田 2015，5章「農書と農民」）。福岡の安貞が同じ藩に属し江戸詰めだった貝原益軒《かいばらえきけん》と連絡を取りながらこの書物を書いたこと、益軒が藩に取り次ぐことで出版の費用を得るとともに安貞は藩内の上層農民を読者とすることを意識していたこと、従来の研究で『農政全書』の引き写しが多いとされてきた記述にも自らの体験や老農からの教えが生かされていること、元禄期の畿内農村の年寄が残した家訓書を検討し、そこに経験ある農民が自らの農業体験を農書としてまとめた知識内容が含まれていたこと、そして、老農がもつ経験知としての農業知識は地域のなかで批判検証されてより一般化・普遍化されるものになり、なかには出版されるものもあったこと。

横田はこれらを総括して次のように述べる。個別の地域で共有された農業知識は、それだけでは地域レベルのものにすぎないが、安貞や益軒、そして益軒の兄の楽軒のような知識人が自らの体験や地域間の相互比較、中国の知識の導入などを行って農書を書き出版する過程に参加することにより、『農業全書』が成立した。これによって各地で新たな知識が書物から得られるようになった。これが契機となり、それぞれの地域に応じた地域農書が生み出された。

> 生産者農民の経験的な知が知識人の知に媒介されて客観化・対象化され、集約されることで、より普遍化された出版の知となり、そのことが農民自身の経験知を一般化する能力を高め、新たな農民的農書を生み出していくという、両者の循環的関係構造が成立するのである。
>
> （横田　同上 p. 204）

農書の読み手が書き手になるわけである。これはまさに近代的な学術である農学がすでに江戸期に形成されつつあったということだろう。

ここに登場するのは帰農した武士と藩に仕えた武士、そして上層農民であり、かれらの知的交流のメディアとしての書物とその出版過程である。江戸期に知を形成し分有するための仕掛けがすでにつくられていたという指摘は重要である。この仕掛けは、こうした実学的な領域だけでなく、道徳や倫理、文芸の領域にも多様に存在していたのである。

4　文庫と知のネットワーク

統治のための文庫

先に述べたように、文明における統治行為は文書による意思の伝達を条件とするので、そこには文書を管理することが含まれる。また、書物が朝鮮半島や中国から流入し、さらに国内でも書かれたものが大量に出版され始めていた。そのために、必要に応じて書物を取り出すためにこれらを収蔵することが行われるようになった。

古来、そうした書物や文書が収蔵された場を蔵とか文庫《ふみくら》と呼んできた。古代律令制には図書寮《ずしょのりょう》や校書殿《きょうしょでん》があり、上代の大寺院には経蔵と呼ばれる仏教典を管理する建物があった。公家の私邸で管理するものとして石上宅嗣《いそのかみのやかつぐ》の芸亭《うんてい》は日本で初の公開図書館として知られている。

大宝律令によって制度化された大学とか、空海がつくった綜芸種智院《しゅげいしゅちいん》のような学校においても漢籍や国書を読むことで学びが進められていたから、書物をまとめて管理し目録をつくることは一般的であった。中世においても、武家の政権や貴族、寺院において文庫をつくることは当然のこととされた。北条氏の金沢文庫《かねさわぶんこ》や足利氏の足利学校に置かれた文庫はその典型である。南北朝期から戦国期にかけての大名もまた文庫をもっていた。

徳川家康が江戸城につくらせた富士見亭文庫は、家光の代に駿府《すんぷ》城にあった駿河亭文庫と合体して歴代の将軍のための図書館となったものだ。これは御文庫と称され、明治以降に紅葉山《もみじやま》文庫と呼ばれることになる。紅葉山文庫の蔵書は、幕末に編集された『元治増補御書籍目録』によれば、漢籍が約７万５０００冊、御家部《おいえのぶ》が約２万６０００冊、国書部《こくしょのぶ》が約１万２０００冊、の合計11万３０００冊以上になる。御家とは徳川家のことで、その歴史や事績、幕府の記録類や編纂物を収めた（長澤 2012）。

家康が学術的な本を好んだことが文庫をつくる要因ではあったが、単に将軍家の権威や将軍個人の娯楽のためのコレクションではなく、施政のための情報を得る参考図書館かつ文書館の役割を果たしたと言われる。そのために書物奉行と呼ばれる専門家を置いた。ここには江戸の学者として知られる青木昆陽《こんよう》、高橋景保《かげやす》、近藤重蔵《じゅうぞう》といった人々が就任して、旧蔵資料の調査や徳川幕府に関わる史料の調査を行い、資料の保存管理についても知見を残した。歴代の将軍や幕府の高官そして学者たちは、必要な文献を書物奉行に調査させるだけでなく、資料を文庫から取り寄せてこれを研究調査した。江戸城に参内する大名や徳川家に近い武士たちも資料を借りることができた。

文庫の拡がり

江戸期に幕府がこうした図書館をもっていただけでなく、さまざまな機関が図書館的な蔵書をもっていたことが知られている。戦時中の昭和19年（1944）に浩瀚《こうかん》な『日本文庫史研究』上巻を刊行した小野則秋は戦後になって、この著作を修訂しまた続編をまとめるかたちで1952年に『日本図書館史』と1979年に『日本文庫史研究』下巻を刊行した。この2冊において、彼は江戸時代にあった多数の大名文庫、公家文庫、私蔵書、藩校蔵書、寺院文庫、神社文庫、公開図書館と貸本屋を詳しく紹介している。

たとえば大名文庫として、名古屋の尾張藩文庫、水戸藩の彰考館《しょうこうかん》、加賀前田藩の尊経閣《そんけいかく》文庫、阿波蜂須賀《あわはちすか》家の阿波国文庫、奥州松平白河藩の楽亭文庫などが知られている。公家文庫としては陽明文庫や冷泉家《れいぜいけ》文庫、愛書家としての角倉素庵《すみのくらそあん》の文庫や屋代弘賢《やしろひろかた》の不忍《しのばず》文庫、大塩平八郎の洗心《せんしん》洞《どう》文庫、学校文庫としての昌平黌や和学講談所の文庫等々があった。小野が紹介しているのは代表的なものだけであり、名もなき文庫はこれ以外に多数あった。否、個人蔵書を相互に貸し出しながら勉学に励んだり、農民同士が本の貸し借りをしたりといった行為を文庫と呼ぶなら、江戸期の日本は文庫文化が栄えたといってよいのである。ちなみに都市部での文芸書については、すでに触れた貸本屋が重要な役割を果たしていた。

先ほどから述べているように、江戸時代にはリテラシーが重層的な構造をもって分布していた。かな文字を読める程度の最底辺層があり、その上にかなと漢字からなる和書を読める層があり、訓点がついた漢籍の素読ができるものがその上にいた。農民でも商工業者でもこの程度までできる層があって、実用的な知識のやりとりが可能であった。儒者とか漢学者と呼ばれる人たちは白文でも読める最上層であり、漢詩をつくったりすることができたものもいる。東アジアの知識層のコミュニケーション言語である中国語の読み書きが可能だったのである。

日田の私塾咸宜園の学びにおいては、漢籍を講義し読むことを中心にしていた。塾生が日々漢籍を使用するために、淡窓の弟広瀬旭荘《きょくそう》が漢籍の蔵書の管理を行っていたことが記録に残っている。蔵書に印を押し、管理する監督者を立て、借り出しの出納を記録させ、塾生から一定の金銭を取り立て新たな書籍の購入費にあてた。近代になって残されていた蔵書は5000冊を超えていたという。こうした私塾における蔵書の貸し借りは一般的にかなり広く行われていた（鈴木 2015）。

前述したように、私塾や藩校においては、会読という学びのスタイルが一般的に採用されていたわけだが、このような書物を軸にした共同的な読書は、学びを目的としているところだけで行われているわけではなかった。小野が紹介している文庫のなかには、角倉素庵や屋代弘賢の名前が挙がっていたが、さらには小山田与清《おやまだともきよ》、狩谷棭齊《かりやえきさい》、塙保己一《はなわほきいち》、木村蒹葭堂《きむらけんかどう》といった人たちはみずから膨大な蔵書をもっていただけでなく、それを基に同時代の文化人と交流し、蔵書の借覧や書写のための書籍の貸し借りを行っていた。そのために、借りた側ではその書籍が誰から借りた物なのかが分かるように、さらに貸した側では自分が貸した書籍が必ず手元に戻ってくるように蔵書印を押して管理した。これは現代の図書館が行っている蔵書管理と同じことである。

蔵書による交流とレファレンスツール

文化史の岡村敬二は『江戸の蔵書家たち』（岡村 1996）において、こうした文人たちの交流とその成果について述べている。文人たちは財力をもとにそれぞれの関心領域の書物を集めるとともに、書画・骨董・地図・茶器・標本などのコレクターとなっていた。漢籍、和本ときには蘭書を読み、研鑽を重ね著述を行った。その知識や収蔵品を求めて諸国からさまざまな文化人が訪れ、交流した。漢詩人、作家、学者、医者、本草学者、絵師、大名等など幅広い交友が生まれ、当時の一大文化サロンの主となり知のネットワークのハブでもあった。

そうした研鑽と知の交流の結果を示す一つの例として、不忍文庫の屋代弘賢が編集した『古今要覧稿《ここんようらんこう》』がある。彼がこれを編纂した意図は、「人がかぎりない書籍を読みつくすことは不可能であり、ならば、古今の必要事を一覧し書籍を参照することができるように、古来からの書物に記されてきたことがらを、類に分けて引用し修正しようとしたところにあった」（岡村 1996, p. 36）。ここで行われているのは、書物の内容から重要な記述を抜き出して分類体系に合わせてまとめた出版物をつくることであった。これは中国で類書と呼ばれた手法であり、宋代の『太平御覧《たいへいぎょらん》』、明代の『永楽大典《えいらくたいてん》』や『三才図会《さんさいずえ》』、清代の『佩文韻府《はいぶんいんぷ》』や『古今図書集成』などがその代表である。現代の百科事典の原型の一つになったことは知られている。

また、盲目の国学者塙保己一は幕府に願い出て私塾和学講談所をつくり、ここで集めた書籍類をもとに『群書類従《ぐんしょるいじゅう》』を編纂した。古代から江戸時代初期までに成った史書や文学作品、計1273種を収めた一大編纂物である。作成の意図はやはり古今の重要著作の散逸を防ぎ随時参照できるようにするというものである。この考え方は書物の記録である書誌をつくることでその存在を記録する、全国書誌（national bibliography）の考え方に近いものである。また、史書の網羅的な編纂も含まれており、それは国史編纂事業として現在に至るまで続けられている。

このように、この時代になって、個人蔵書は公開され、図書館的なものに姿を変え始め、古今の知識を集めて参照できるようにするための実用的なレファレンスの仕組みをつくろうという企図が実現化されるようになった。これは知の交流による学問が、単なる好事家の道楽から近代的な学術に変化しようとしていたことを示している。また、明治以降の学術や文芸につながるような大きな知の制度の淵源が江戸期にすでに姿を現していたことも示している。

第5章　近代文字社会における図書館

1　近代における学びの変遷と読書

学校での学び

明治政府は学制発布（明治5年）と教育勅語（明治23年）によって、今に至るまで続く日本人の学びの基本的スタイルをつくりあげた（以下、本章では明治、大正、昭和前期までの年表示は元号を用いる）。学制は、身分・性別に区別なく国民皆学を目指し、全国を8大学区、256中学区、5万余の小学区に分けてそれぞれに大学校、中学校、小学校を設置した。義務教育に至る道は、当初は授業料徴収があったためになかなか効果を上げなかったが、明治33年に尋常小学校の授業料を無料にするなどした結果、大正4年には通学率が90％を超えるなど、学齢期の国民の就学が普及していった。

学制は、寺子屋や私塾における学びを終焉させ、国家目標に即した統一的な教育制度をつくるものであった。その際に、「学問は身を立つるの財本」（学制序文）であるとして、教育を、民衆ひとりひとりが自己陶冶することにより日本が短期間で西欧国家に追いつくための手段と位置付けた。そこでは、江戸期に蓄積してきた身分も年齢も超えた相互集団的な学びではなく、同年齢の学習者が学級編成のなかで一律のカリキュラムに基づいて学び、その成果を試験によって確認するという教育方法がとられることになる。

江戸期の日本は、身分の違いに加えて、地域によってかなり多様性のある話し言葉、民俗伝統、生活習慣を保持していた。これに対して、明治政府は帝国憲法によって立憲君主制を打ち立て、それを効果的に実行するため、全国民の倫理や意識を沿わせるための指針をつくろうとした。それが教育勅語である。統合的な日本国民をつくることが目的であり、天皇の歴史的威光のもとに儒教的倫理を軸として父母への孝行や夫婦の調和、兄弟愛などの友愛、学問の大切さ、遵法精神などを呼びかけるものであった。

江戸の学びは、書くことによって読めるようになり、声に出して読み、さらにそれをもとに討論するところまで行うものであり、基本的にオーラルな方法に基づいている。それに対して、教育勅語以降の教育は、一斉教授法をとり、学ぶ内容は教科書にあり、それをマスターする読み中心のものに変化していく。

教科書の内容は検定制か国定制かの議論を踏まえて、最終的に明治37年に国定教科書制度として発足する。すでにはじまっていた義務教育制の下、同一の教科書によって学ぶ方法が一元化されるようになることにより、それ以前から世界的に見ても高かったリテラシーはさらに高まることになる。だが、学びの目標が立身出世と結びつけられ、試験に合格することが自己目的化することにより、知を獲得する方法が黙読と暗記に収斂していくようになる。

近代読者への移行

日本文学の前田愛は『近代読者の成立』（前田 1973）において、明治維新に引き続く四半世紀が日本人の読書生活に大きな変革の見られた時期であるとして、その過程を貫く契機として3つを挙げている。

1　均一的な読書から多元的な読書へ（あるいは非個性的な読書から個性的な読書へ）
2　共同体的な読書から個人的な読書へ
3　音読による享受から黙読による享受へ

これらは、相互に関係しながら日本の近代化に寄りそって日本人の内面生活の変化に大きな影響をもたらしたというのである。明治時代に書かれた文学作品や随筆、自伝などを検討して、これらを明らかにしていこうとしている。

前田は、社会学者D・リースマンがコミュニケーション史の観点から文化の発展段階を、口話コミュニケーションに依存する文化、印刷文字のコミュニケーションに依存するいわゆる活字文化、ラジオ・映画・テレビ等の視聴覚的メディアに依存する大衆文化の3つに分けて論じたものを日本にあてはめ、明治の初期にこの口語コミュニケーションから活字文化への移行があったと述べた。たとえば、尾崎紅葉の出世作『二《に》人《にん》比《び》丘《く》尼《に》色《いろ》懺《ざん》悔《げ》』に対して、この作品が「文章きれぎれの句多く」「読者に快楽を与ふること少かるべしと思ふなり」という批評があったことについて、紅葉の文章が短句をたたみかけるものであるのに対して、評者が浄瑠璃や謡《うたい》のような音声に基づく流麗さを求めていると述べている。つまり、文章の形式美を追求するものである従来の読書に対して、新しい読書が「作品の向う側にある観念と形象の動きを迅速的確に補足する読解作業へと導くもの」（前田 1973, p. 191）であるというのである。

また、坪内逍遙の論を引いて、学習の方法、あるいは伝達の方法としての従来の朗読法が無意義なものになり、新しい読書術（＝黙読）が論理的読法で、「文章の深意を穿鑿し作者ないしは人物（カラクテル）の性惰を看破」する読み方をすべしと説いていることを紹介している（同 p. 189）。こうした本の読み方はまさしく近代的な読書法であり、江戸における集団で音声をもって読む読み方との違いは明らかである。

前田の近代読者の分析は先駆的な研究であったが、今となっては前近代から近代への移行をいささか単線的に扱いすぎているように見える。前章でみたように、江戸の読書が前近代的であったかというと必ずしもそうとは言えないものがある。読まれていたものは漢学、和学、蘭学にわたっての多元性をもっていたし、集団的な議論をもとにする会読の意義が確認されている。そして、謡、歌舞伎、落語などのオーラルな文化が明治以降の文学表現において、文章のリズムや形式に大きな影響を与えていたことも知られているところである。その後の研究の蓄積によって「近代読者」の概念に修正を迫られているのである。

江戸の読書と明治の読書の違いとして、インフラとしての出版流通の変化があげられる。東京と大阪を2つの拠点として新聞、雑誌、書籍が印刷・出版され、できあがりつつあった鉄道網によって全国に運ばれ、購買所を通じて販売された。こうした現代に至る流通網ができあがってくるのは明治30年代以降である。近代出版史の永嶺重敏は、この時期に「読書国民」が形成されたと述べている。たとえば、石井研堂《けんどう》の主宰する雑誌『近世少年』が明治33年末に懸賞文を募集したところ、東京、神奈川、京都、大阪に続いて北海道から九州の各県にわたって日本各地から883通が寄せられた（永嶺 2004, p. 57）。これをもたらしたのは、江戸までのリテラシーの高さに加えて、学制発布以降の学校教育の普及と、新しい活字メディアをつくる編集、印刷、出版工程を引き受ける近代的な出版企業の誕生、そして全国に流通させるための輸送網の整備といった諸条件の組み合わせによるものであった。

明治30年代から大正期を経て昭和前期までは、日本が天皇を中心とする国家体制をつくると同時に、殖産興業と帝国主義経済によって経済発展を遂げた時代である。この時期にエリート知識人層の間では、黙読によって自らの知と倫理を鍛え上げる教養主義の考えがつくり出された。西田幾多郎『善の研究』（明治44年）、阿部次郎『三太郎の日記』（大正3年）、夏目漱石『こころ』（大正3年）、和辻哲郎『古寺巡礼』（大正8年）、倉田百三『愛と認識との出発』（大正10年）といった著作が読まれた。これらを読む際の旧制高校生の読書スタイルおよびストイックな倫理観が、これらの著作の多くの出版を手がけた岩波書店を通じて広く普及した。これは、その後の日本人の知の獲得モデルとなり、第二次世界大戦後に至るまで継続されていった。教養主義は別名岩波文化とも言われた。

他方、江戸の戯作本・滑稽本の読書の伝統は明治以降も学校におけるリテラシー教育の普及が後押しし、継続して発展していく。これもまた明治の後半から大正期、昭和前期にかけて大衆的な読書へと展開していく。

2　明治・大正における図書館

維新体制下の図書館

明治政府が江戸までの知を引き継ぎ新しい時代に生かそうとした試みとして注目される事業に『古事類苑』の編纂があった。これは屋代弘賢の『古今要覧稿』や塙保己一の『群書類従』と同様の類書で、古代より江戸末期までの文献から体系的に重要な記述を博捜し抜き出して編纂した壮大な引用の織物である。和装本で１０００巻３５５冊、のちに洋装本で出て51冊になった。明治12年に文部省の西村茂樹の建議によって編纂が始められ、途中で東京学士院、皇典講究所、神宮司庁と編纂の主体は国から民間に移っていった。刊行は明治29年に始まり大正３年に完成した。政府の事業として始まりながらも民間に移るのは、明治政府が拠って立つ知的基盤を日本の伝統よりも欧米先進国の現状に合わせる欧化政策をとったことを示すものであった。と同時に、類書という知の編纂手法がすでに前時代のものになっていたことを示すのだろう。

　コンテンツメディアを収集提供する場を図書館と呼ぶとすれば、明治維新以降の最初の図書館は、新しいメディアである新聞を政府が率先して提供する施設として始まった。新聞は政府の方針や新しい文明開化の世の動きを報知するものであり、政府は積極的にその普及のために新聞解話会や新聞縦覧所をつくった。新聞解話会は僧侶や学校教師が読師として新聞記事を説き聞かせる会で、明治5年頃から各地で行われていた。だがこれがあまり普及しないうちに、新聞を集め無料ないし有料で読むことができる新聞縦覧所が普及していく。当初は官費で設置され無料で提供するものから始まったが、まもなく民間施設となり、寺、街角、商店、駅前、公園といった庶民の生活圏に置かれて賑わった。この場そのものが人々が集まり世間話をする茶屋的な使われ方をしていた。

　通常の図書館史の解説では、日本の近代図書館が、文部省の市川清流《せいりゅう》による「書籍院建設の儀に付建白書」（明治5年）にもとづき、明治8年に旧昌平黌《しょうへいこう》、和学講談所等の蔵書を湯島講堂に集めて書籍館《しょじゃくかん》として開館したことをもって始まるとなっている。しかし、これは同時に開催された博覧会および開所した博物館との関係で考えるべきである。

　市川清流の書籍院はロンドンの大英博物館の図書館部門をモデルにしており、文部省は博物館と書籍館を一体のものとしてつくろうとしていた。文部省は文明開化・殖産興業を先取りして、上野で内国勧業博覧会（明治10年）を開き、その後にも博覧会や博物館を通じて国民に外国のものや近代的なものに触れさせることで啓蒙をはかろうとした。その点で、図書館の優先順位は高くなかった。書籍館はまもなく、湯島の地から浅草に移されて浅草文庫と改称され、その後、閉室されて蔵書は帝室博物館（現在の東京国立博物館）に収められることになる。文部省は、新たに湯島に東京書籍館をつくった。その後、東京府に所管を移して東京府書籍館、そして文部省に戻って東京図書館と名称を変え、場所も上野公園に移し、明治30年に帝国図書館となった。

西欧近代国家においては、王家や貴族、実業家の私的コレクションが基になって国立図書館がつくられていくのが一般的である。たとえば、英国王室のキングスライブラリーと呼ばれる文庫は１８２３年に、国王ジョージ４世によって英国政府に寄贈され、すでに成立していた大英博物館に収められて一般公衆がアクセスできるようになる。では日本ではどうか。

前章で江戸城に将軍家の図書館としての御文庫（紅葉山文庫）があったことについて述べたが、これは明治になってから明治政府の手で太政官の管轄に移され、宮城内の書庫に保存された。明治18年に、政府各省の文書資料を一堂に集めて相互利用する内閣文庫がつくられ、そのコレクションの一部として継承された。だが行政府の権限が確立されるにつれて、資料の相互利用をはかるという近代図書館的な運営はうまくいかなくなった。明治44年に、内閣文庫は皇居大手門内に移転し、学術図書館として公開された。そしてこれは、戦後の１９７１年に国立公文書館に引き継がれて今に至っている。

以上のことから、江戸期から明治期の国立図書館の構想には3つの系譜があることがわかる。一つは江戸城紅葉山文庫を引き継いで政府図書館をつくろうとしたが、のちに内閣文庫に引き継がれ、現在は国立公文書館に置かれているものである。次に、文部省が旧幕府の昌平黌や和学講談所の蔵書を引き継いで書籍館としたもので、これは浅草文庫を経て現在は東京国立博物館の蔵書になっている。そして、江戸期の蔵書とは無関係に明治になってつくった東京書籍館が帝国図書館となり、現在の国立国会図書館に引き継がれるものである。このように所属、場所を転々としている。明治政府は、当初、欧米諸国に匹敵する図書館をつくろうという意図はあったが、その後継続できずに終わり、まもなく優先順位がさがり、形だけの図書館をつくるにとどまったことを示している。官の縦割りの論理によってばらばらになっている様は、その後の日本の図書館のあり方を暗示している。

明治、大正、昭和前期は上からの啓蒙と殖産興業を中心とする産業立国政策のなかで、図書館の位置付けも明確ではなかった。それでも日清戦争後の経済高揚の時期に、明治32年図書館令が発布されて法的に公立図書館の設置が位置付けられることになった。欧米の都市に無料公開の公共図書館が開設されつつあったのにならうもので、東京の日比谷図書館（明治41年）や大阪府立図書館（明治37年）などはこの時期にできたものである。この後、府県立図書館や大都市の区部に図書館設置が進められた。学術の中心として整備が進められた帝国大学や専門学校にも、研究教育を支援する施設として図書館が設置されていくようになった。

図書館の利用者

こうした図書館は西欧の輸入制度であるが、図書館がつくられていくのに伴い、これは先ほど見た新しい読書行動とあいまって、図書館利用者の基本的な利用行動が確立されていく。永嶺重敏は図書館を「近代読書」のモデル空間と呼んだ（永嶺 2004, pp. 236-240）。これを、本論のコンテクストに引き寄せてもう一度考え直してみたい。第一に、図書館は多読を可能にする場であることである。新しい出版状況のなかで刊行される多様なる出版物に触れることができる。少数の書物を精読することに代わって多くの書物を読むことにより、多面的な知識へのアクセスが可能になった。文明開化における西欧文化や学問、そして国内で形成されつつあった新しい知や文学といったものへの案内役を果たすことができる空間であった。

第二に、とはいえ、ここは規律が支配する空間だった。帝国図書館には閲覧者心得が張り出されていて、入館の条件が決められ静寂と規律遵守が求められた。常に監督者・看守が書物の盗難や切り取り、書き込みなどを防ぐべく巡回していた。第三に、こうした禁欲的な読書は藩校などでの学びの姿勢と似ているが、大きく異なるのが、黙読が支配する空間を形成していたことだった。まだ明治初期には音読による読書習慣が支配していたが、明治も30年代以降になると学校における新しい学びによって黙読に移っていった。この黙読の習慣は自己との対話をしながら行う内面的な思考方法に結びつく。先ほど見た、大正教養主義の読書のあり方そのものである。そして、第四に、黙読は読書行為がまったく個人によって行われる孤独の空間を形成した。江戸の会読や明治初期の新聞縦覧所では共同的な読みや人間交流、議論が行われていた。だが、図書館においてはひとりひとりが書物から知や情、意を取り出す作業を行うのみである。

こうした読書空間モデルは図書館という場が形成したというよりは、当時の利用者層である新しい知識人中産階層が学校や家庭、地域で身につけた行動が図書館で現れたものと言うことができる。図書館は誰もが入館できる平等性が保たれた場であったが、そこを訪れて厳密な規則にしたがって本を書庫から出してもらい禁欲的に利用する人たちは、学生や自由な時間をもつことができる一部の特権的な階層の人に限られていた。

しかしながら、そうした読者層とは別の人々が新しい図書館の利用者となっていく。大正年間にはいると、政府の地方改良運動とも連動して地域の小学校や青年会、教育会といった組織や篤志家、教員が中心となって小図書館を設置する動きが強まっていく。政府が財政負担を行って施設としての図書館を整備するのは都市部に限定されていて、農村部では民衆の自発的な読書運動の一環として図書館がつくられていったのである。

こうした活動は全国におよび、大正5年に1000、大正10年に2000、大正15年には4000に上ったという。これは現在の公立図書館数よりも多い。もちろん、これらは図書館というよりは文庫と呼んだ方がよい小規模のものが大部分であった。だがこのような書物を集め共同利用する読書の行動は、上記の都市図書館で行われていた知識人エリートの読書行動とはかなり違ったものである。これは江戸期の貸本文化や蔵書の貸し借り、会読などの集団的な読書の伝統が保持されていて、それが花開いたというべきものであろう。

3　昭和期の図書館

国家主義体制のなかの図書館

明治末以降、朝鮮半島を実質支配したあと、昭和6年の満州事変で中国東北部に進出してから第二次世界大戦敗戦までの期間、日本は15年戦争と呼ばれる国際的紛争状態に入っていく。この時期に、国内的にも思想や表現についての国家統制が進み、図書館もその道具の一つに位置付けられるようになっていった。昭和8年に図書館令が改正されて、公立図書館のみならず私立図書館もまた文部省の統制のもとに置かれるようになった。すでに出版統制の対象になっていた社会主義の思想や文学の著作などについて、閲覧に供することは許されず、また、その運営の方法についても監督庁からの指示が細かく行われた。

たとえば、東京市立駿河台図書館は、昭和15年に東京市市民局社会教育課長から「左翼出版物ニ関スル件」という文書を受け取った。それは、左翼思想を紹介、解説、鼓吹する図書で警察署長より送付されたリストにあるものは一括厳封して厳重に保管することや、リストになくとも左翼思想関係書は閲覧を禁じ一括して保管することなどを指示するものだった。そこに添付されたリストには、ゴルテル『唯物史観解説』（大正13年　白揚社）、川上肇『資本論入門』（昭和7年　改造社）など約200冊の本が列挙されていた（千代田区立図書館一橋・駿河台図書館業務資料「左翼出版物ニ関スル件」http://www.library.chiyoda.tokyo.jp/findbook/gyomushiryo）。

こうした危険な図書を読めなくする措置の一方、国民の思想善導を目的にして文部省が優良図書の推薦を行う制度をつくることが行われた。すでに改正図書館令において、図書館が社会教育機能をもつことが明記されていたが、そこであるべき事業内容については議論があった。しかしながら、戦時体制を強化していくにつれて、図書館は国家体制を推進する際に率先して国民教化的な役割を果たす機関としての位置付けを明確にしていくことになる。

昭和17年に文部省社会教育局が日本図書館協会との共同作製にて発表した『讀書會指導要綱』には、「國民精神の自覺昂揚及び文化の普及向上を圖る爲、全国に讀書會を組織的に結成する目的をもって作製せるものである」とあり、当時の図書館社会教育の考え方が現れている（国立国会図書館デジタルコレクション http://dl.ndl.go.jp/info:ndljp/pid/1122740/5）。読書会は江戸期に盛んに行われた相互的な学びの方法であったが、ここでは図書館行政を通じて「良書」を読むための読書会を組織するもので、読む本も「圖書群」を指定して、「偏しない精神活動を誘發し、全人格的なる教養の資料として供給することを意圖することが必要」としている。具体例として、テーマ別に初級、中級、上級に分けて図書のリストが掲げられている。たとえば、「皇國民トシテノ自覺ヲ促スモノ」として、初級には、二荒芳徳《ふたらよしのり》『聖勅謹解』、中級として千葉胤明《たねあき》『明治天皇御謹話』、上級に竹内尉《じょう》『日本士道』が挙げられている。

このリストは日本図書館協会で編成途中の青年向け図書群の例で、100冊以上の本が掲げられている。図書館が古くからの読書会形式の学びのグループをつくって、国民教化に強く関与したことが窺われる。

占領期のアメリカの働きかけと遺産

第二次世界大戦後に、日本は連合国軍の占領のもとで、新憲法をはじめとして国家体制の作り直しを行ったが、図書館改革もまたこの時期に本格的に行われた。その背後には、アメリカ図書館協会（ALA）の働きかけがあった。第二次世界大戦が始まると、ALAはアメリカの戦時体制を支援する多様な活動を行っていた。そこに置かれた国際関係特別委員会（IRB）は戦時体制下において図書館に関わる国際的な働きかけや文化交流をすることを目的としてできたもので、なかでもアイオワ州立カレッジ図書館長チャールズ・ブラウンが中心となった東洋委員会の活動が注目される。

占領軍総司令部（GHQ／SCAP）の教育政策を担当した民間情報教育局（CIE）はCIE図書館と呼ばれる公共図書館を全国23カ所に設置し、アメリカ的な図書館サービスの手本を示そうとした。また同局に図書館担当官が配置されて図書館振興の仕事を行った。初代の担当官フィリップ・キーニーの赴任中に、日本の教育改革を目的とするアメリカ人専門家による教育使節団が2回派遣された。第一次使節団（1946年3月）に図書館専門家のシカゴ大学教授レオン・カーノフスキーが含まれていて、報告書に図書館改革のことが出てくる。教育改革のなかに図書館改革が含まれるという考え方は、アメリカからの働きかけがあって初めて可能だった。

また、アメリカ議会図書館をモデルにして、1946年に国立国会図書館が設立された。その準備のために、議会図書館副館長ヴァーナー・クラップとブラウンが来日して、かなり詳細なアドバイスを行った。それによってできた国立国会図書館法は、戦後図書館関係法のなかでは最初期のものであり、唯一、実質的な内容をもったものであった。現在の永田町にある国立国会図書館本館の膨大な蔵書をつくることはもとより、国会議員に対する立法考査局のサービス、政府資料も含めた国内刊行物の法的な義務納本制度とそれに基づく全国書誌の編纂、各省庁や最高裁判所の図書館を支部図書館とする政府図書館システムの構築などは、この時期に法制化したから可能だったものである。これこそは江戸城内の紅葉山文庫の思想的系譜を受け継ぐ国家図書館であると同時に、国民に開かれ、全国の図書館と協調的に業務を行う国立図書館でもあった。

だが、図書館政策が実を結んだといえるのはそこまでで、1950年の図書館法や占領終了後の1953年の学校図書館法は、法的に図書館（公共図書館）や学校図書館を認知したにとどまる理念法であった。それらは、設置を振興し、司書ないし司書教諭という専門的資格をもつ人を大学が養成するところまでは規定したが、図書館の設置や人的配置に関しては具体的な政策措置を行う規定が置かれていなかった。占領の後期からは、冷戦体制がはっきりして、占領初期の改革の意欲が失われた。

もとより教育改革は国家的大事業であり、大きな転換を意味する。それでも学校教育は比較的実現しやすいととらえられていたが、成人教育は遠大な展望がないと実現できないものである。学校教育も占領終了後はかつてのものへの揺り戻しがあったわけであり、図書館改革は中途半端に終わってしまった。

国立国会図書館とならぶブラウンの置き土産としては、専門的な図書館員を養成する必要から、大学に養成課程をつくる働きかけが行われたことがある。戦前の図書館員養成機関は、大正10年開設の文部省図書館職員教習所しかなかったが、アメリカでは大学の学部課程ないし大学院での養成が一般的であった。そのギャップを埋めるためにALAがロックフェラー財団に働きかけて、アメリカから専門家を派遣して日本の大学に養成課程をつくろうとした。東京大学ほかの大学を検討した結果、最終的に1951年に慶應義塾大学文学部に図書館学科（ジャパンライブラリースクール）が開設された。現在は図書館学あるいは図書館情報学を専門とする教育機関は、文部省職員教習所の伝統を引き継いだ筑波大学の図書館情報専門学群ほかいくつかあるが、そのさきがけとなるものである。ただし、図書館員養成が現在に至るまでうまくいっていないことについては、このあとの第6章、第7章で詳しく述べることにしたい。

戦後教養主義と市民運動

教養主義は戦後も根強く残った。もちろんすでに国家主義的な考え方は退潮し、戦後民主主義と呼ばれる思想を普及させるものに変貌していたが、上からの啓蒙という役割意識は政治的立場を異にする人々の間で保持されていた。新憲法下における世界情勢や日本の政治体制についての議論の場（論壇）であった総合雑誌の刊行、新思想の普及の手段であった教養新書の刊行、世界や日本の古典的名著や文学書を紹介する全集の出版、一家に一セットを合言葉に普及を図った百科事典のブームなどはいずれもそうした動きのなかにあり、丸山眞男、鶴見俊輔、加藤周一らを代表とする戦後知識人とか進歩的文化人と呼ばれる人たちがそうした運動のリーダー的な役割を果たした。

学校教育にも同様のことがあった。戦前の国定教科書は戦後になって検定教科書に変更されたが、学習指導要領によって学ぶ内容と方法を縛っていることについてはそれほど大きな変更はなかった。啓蒙主義、教養主義はその目的や理念は変更されても、市民の知のありようを枠づけるという意味での基本的な構造をもたらす効果は継続されていたのである。

他方、そうした上からの啓蒙と呼応しながらの市民運動のうねりも大きなものになっていった。冷戦体制が明確になってから、軍備を放棄した平和憲法下の国際情勢に対処するのに１９６０年と１９７０年の日米安全保障条約が重要な争点になり、国民的な運動となった。その間も、労働運動、学生運動、反公害＝環境保護運動、女性解放運動等々の運動が起こっている。こうした運動は論点や争点が明確であり、多くはその問題の解決を政府、企業、大学等々に要求する形で展開するので、問題の枠組みは比較的単純である。

運動の形式としては、直接的な恣意行動（デモンストレーション＝デモ）として、集会や行進、ビラ配りなどを行うほか、裁判の場で争うこともあった。これらを媒介するものとして、新聞、テレビ、週刊誌や月刊誌などのマスメディアがあり、往々にして政治的な課題になったから、政党があいだに入ることも多かった。そして、その基盤には戦後強い力をもった労働組合が革新政党（野党）と組んでおこした動きがあった。

運動のための学習として、運動の方針やそれを理論付けるための思想や社会科学的な議論が行われ、方針に基づく学習会が広く開催された。運動のための学びは、理論を実現するための実践的行動を伴うことに結びついた。冷戦体制下の社会的議論に基づく市民運動は政治的立場を明らかにしてその立場自体の優劣を競うかたちになりがちだった。

公民館と読書運動

戦前から、社会福祉や社会教育のための公共施設として隣保《りんぽ》館とか公民館と呼ばれたものがつくられており、生活改善運動とか農山漁村経済更生運動といった国民生活向上のための働きかけをする地域的拠点となっていた。これは戦時期における国家総動員体制をつくる際に国民教化機関としての役割も担った。

戦後の文部省の社会教育政策は公民館を中心とするものであった。１９４９年成立の社会教育法は実質的に公民館法であり、戦後の民主主義教育普及と市民レベルでの集会施設を地域に設置することを目的とするものであった。社会教育法には、公民館が定期講座、討論会、展示会を開催し、図書、記録、模型、資料を備え利用を図ること、体育・レクリエーション、住民の集会の場を提供することなどが規定されている。現在ならそれぞれが独立した施設としてつくられているものをまとめて、一つの施設として設置するものであった。つまり公民館は基本的に広く浅く地域活動の網を張り、図書館、博物館、美術館、体育館などはその後個別の機能をもつものとして整備するという構想がそこに見られる。

公民館が前提とした地域における人の交流は、郷、惣やムラと呼ばれた近隣との横のつながりや縁戚・姻戚関係から始まり、経済的発展や交通網の整備によって地域社会が拡がるにつれて拡大されていったものである。戦災や動員、疎開で破壊された地域社会の復興の鍵が地域における人々の相互関係にあるとして、公民館は１９５０年代から１９７０年代の時期に一定の役割を担った。先ほどの大きな争点について繰り広げられた市民運動と併行して、地域のまちづくり、地域おこしや消費者運動、共同保育、自然食や有機農業など生活の質を問うようなものが活発になったが、公民館はそうした問題を学習する場であるとともに、運動の拠点ともなった。

この時期に図書館との関係で注目すべきは、読書運動である。戦前の地方改良運動や良書普及のような上からの啓発運動は戦後もずっと存続していたが、ここでは江戸期の会読につながるような本を読む下からの運動のことである。新しい社会の到来のなかで、図書館法は地域レベルの図書館設置においてあまり力にならなかったから、人々は本を買って読むことを余儀なくされた。その際に、本を持ち寄って集め、それを相互に利用する運動が行われた。

初期のものとしては、農民運動家浪江虔《なみえけん》が戦後農村運動の拠点づくりと図書館による農業知識普及を意図して、東京都鶴川村（現町田市）につくった農村図書館（のちに私立鶴川図書館、その後町田市立図書館に蔵書を移転）がある。農地改革などで新しい農業経営が始まろうとしているときに、農業書が農民向けではないとして自ら農業書を書き、出版と図書館活動を通じて啓発活動を行ったものである。

もう少し一般的なものとしては、長野県立図書館長叶沢清介《かのうざわせいすけ》が１９５０年に提唱した「ＰＴＡ母親文庫」が知られている。ＰＴＡは親と教師が協議して新しい学校運営や地域教育を行うという趣旨で占領軍が設置を推奨し、ほとんどの学校にできた。これはＰＴＡを拠点として本を持ち寄り、親（とくに母親）が読書会を開催したり、文庫を開設して本を相互に貸し借りしたりした。さらに、子どもたちに本を読ませようという趣旨で、鹿児島県立図書館長の椋鳩十《むくはとじゅう》の提唱で始まった「母と子の20分読書運動」も全国的な拡がりを見せた。

とくに広く活発に行われたのは家庭文庫運動である。これは地域の子どもたちに個人がもっている児童書や絵本を貸し出したり読み聞かせをしたりする活動で、１９５０年代前半から始まって全国に拡がっていった。とくに１９６５年に児童文学者石井桃子が『子どもの図書館』（岩波新書）を書いたことで、この運動が全国的に認知され、家庭文庫・児童文庫は急激に増加した。この頃、自治体財政の安定化に伴う公共施設が設置されてきたこともあり、公民館等の施設の一画で共同の文庫を開設することもあったし、独立した施設を用意するケースもあり、これらは地域文庫と呼ばれた。1970年代以降は公立図書館の設置も増えていったので、図書館づくりを要求する運動に結びつく例も多くなっていった。しかしながら、図書館の児童サービスとは別にこれを独立して運営するケースも少なくなかった。

「中小レポート」と『市民の図書館』

日本図書館協会は1960年代に独自の図書館振興策を提示した。これは現在の地域における公立図書館サービスの基盤を形成することになる。同協会は全国の図書館で活発な活動をしているところの現地調査を行い、それを基にして1963年に『中小都市における図書館の運営』という調査報告書を出した。その際に児童サービスの可能性を重視したのは、家庭文庫の活動がかなり広い範囲で行われていたからである。これは図書館関係者のあいだでは「中小レポート」と呼ばれて、その後の政策論の基になったと評価されている。その考え方は、「公共図書館の本質的な機能は、資料を求めるあらゆる人々やグループに対し、効率的かつ無料で資料を提供するとともに、住民の資料要求を増大させるのが目的である」という冒頭の一句に表れている。これは施設における資料管理と閲覧利用中心の従来の図書館経営の考え方に対して、利用者要求に応え資料を提供する考え方を対峙させたものである。

新しい図書館の設置を行ってこれを目に見える形で示したのが、東京都日野市である。日野市では「中小レポート」の推進者であった日本図書館協会事務局長有山崧《ありやまたかし》が１９６５年に市長に就任し、ここを図書館サービスのモデル都市と位置づけた。図書館設置条例（１９６５）制定時点で施設としては事務室のみだったが、まず移動図書館を走らせて地域での資料貸し出しを行うことから始めた。一定のサービス実績があるところに地域図書館をつくっていき、中央図書館を設置したのは全域での資料提供が可能になった後の１９７３年である。日野市立図書館の実践は、日本図書館協会から『市民の図書館』（１９７０）というタイトルの小冊子として紹介され広く読まれた。

この一連の流れは、図書館とは書庫と閲覧室から成り、よい資料を置けばそれでよいとする従来の図書館運営論とはまったく逆になっていたので、強いインパクトを与え、当時、人口が急増しつつあった大都市郊外の自治体ではこの新しいタイプの図書館経営法が採用されることになった。「住民の要求に合わせて資料を提供すること」は合い言葉になり、施設がなくとも移動図書館や小さなコレクションを地域に置くことでサービスが可能になることが確認された。

しかしながら、これは資料提供とは資料を貸し出すことだという誤解を図書館員に与えることにも貢献した。『市民の図書館』は日野市の中央図書館が設立される前に書かれているので、中央図書館が実施すべき機能としてのレファレンスサービスやアウトリーチ的サービスについて、十分に書かれていないという問題があった。また、日野市は１９７７年に市政図書室という分館を市役所と同一敷地内に設置し、ここでは市の行政に関する情報サービスや市に関する地域資料の収集と提供のような高度な専門図書館的サービスを実施している。

資料提供図書館モデルは、日野市がこうしたサービス展開を行う前の時代の『市民の図書館』によって普及した。これは図書館の役割を単純化して述べるものであったために受け入れられやすかったのだが、反面、それがさまざまな問題を引き起こす原因にもなっている。

たとえば、２０１０年代になると地方自治法改正により図書館でも指定管理制度の導入が可能になったが、それにより図書館の経営を民間事業者に委ねることで人件費を軽減し、コストを削減するという傾向がいっそう強まった。また、ベストセラーや文芸書等の利用者要求の強い本の複本が大量に提供されることにより、図書館は作家や出版社の批判にさらされることになった（田村・小川 2008）。

第6章　図書館と図書館員

1　図書館の昔と今

過去の図書館イメージ

一口に図書館といっても、人によってイメージするものの違いは大きい。それは世代、住んでいる地域、学習経験によって図書館とのつきあい方に大きな格差があるからである。

かつて、図書館は古ぼけた公共施設として存在した。薄暗い閲覧室があり、本は書庫にしまってあって、利用するにはいちいちカード目録を引いて閲覧票に請求記号と著者名、書名を書いて、職員に出してもらわなくてはならなかった。その面倒さもあり、一般市民にとって図書館は、蔵書を利用するところというよりは勉強の場であり、自分が持ち込んだ本を読み問題を解くための場所だったのである。

地域や機関によっては、現在でもこのイメージが支配しているところがある。また、新しいタイプの図書館に置き換わっているにもかかわらず、図書館と無縁の生活を送ってきた人のなかには、古いイメージを強固に保持している場合もある。

図書館の量的増大

１９７０年代から80年代にかけて、東京・大阪周辺の地方自治体を中心に新しいタイプの図書館が育っていった。内部は明るく開放的で、資料の多くは開架に置かれ、自由に手にとって見るだけでなく、簡単な手続きで自宅に借り出すことが可能になった。また、１自治体1館であったのが、移動図書館によるサービスが始まり、地域館の数も増えていった。図書館員はこれを資料提供サービスと呼び、市民が必要とする資料を事前に用意してどんどん借りてもらうことが図書館の役割だと主張するようになっていった。この考え方は市民の支持を受け、バブル期の自治体財政の豊かさにも支えられて、またたく間に全国的に普及していった。

これをデータで確認してみよう。図9は、１９６０年代からほぼ10年ごとに、市と特別区（東京都23区）の図書館の設置率と町村の設置率を折れ線グラフで示したものである。また、図10はこの50年間の個人貸出資料数を棒グラフで示したものである（『図書館年鑑』１９９８年版、２０１６年版による）。図書館の設置率は市と特別区の場合は、１９６０年代でも60％を超しており、それが２０１０年代になるとほぼ１００％に近い率になっている。しかしながら町村の場合は設置が遅れ、

10％台のところから出発して、２０１０年代でもまだ60％に達していない。このように、地域格差がかなりあることが一つの特徴である。

都市部では一つの自治体で複数館を設置するようになっているので、この50年間で図書館設置数は約5倍と急激な増加数を示している。それでは、図書館によって提供される資料数はどうか。こ

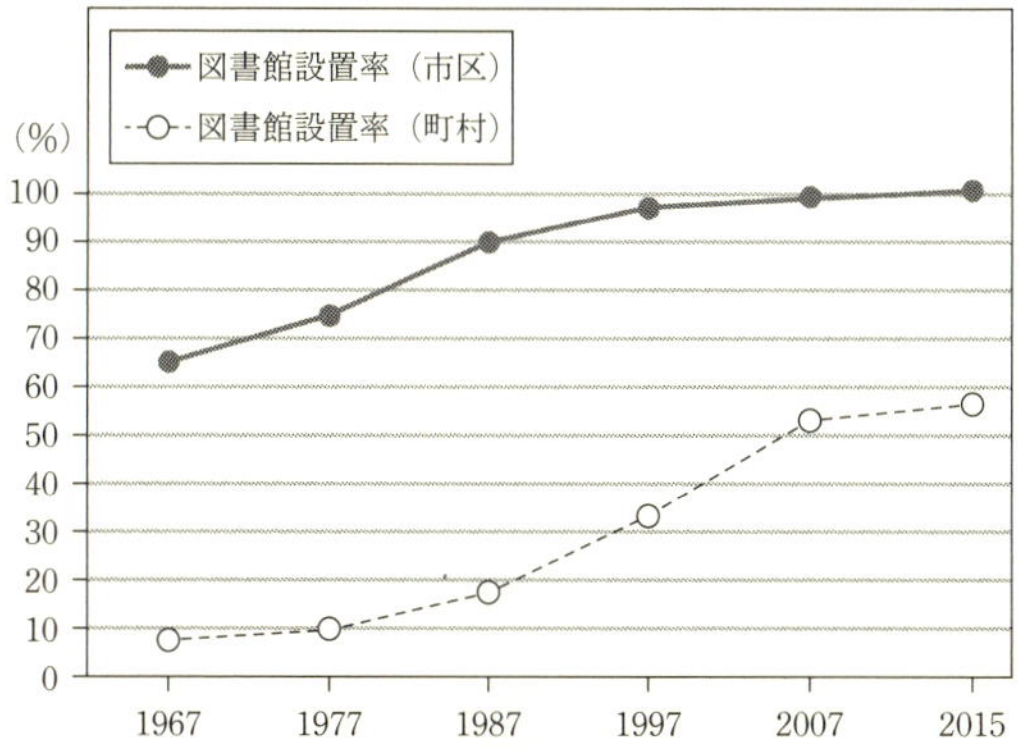

図9　図書館設置率の変遷

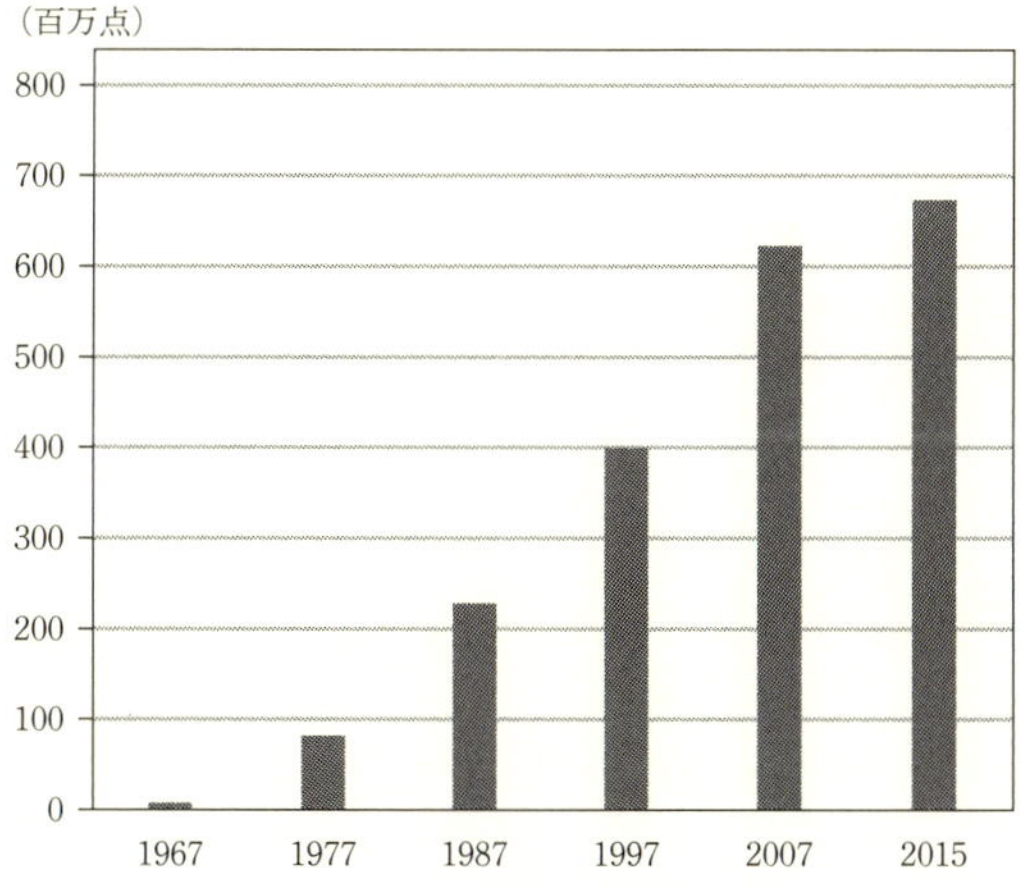

図10　年間貸出資料数の変遷

れを年間の貸出資料数でみると、１９６７年には９２０万点だったのが、10年後にはその10倍近くの８４００万点になり、さらに２０１５年までの約50年間で72倍の６億７０００万点になっている。その伸びがいかに急激だったかがわかる。基本的な性格が資料閲覧の場から、資料貸し出しの場に変わったのである。現在、国民一人当たり平均で年間５点の資料を借りていることになる。

新しい図書館

ちなみに２０１５年の日本の出版統計によると、年間の書籍の総発行部数は11億６０００万冊、雑誌が16億４０００万冊である。それぞれ38％、42％ほどの返品率を伴っている（『出版年鑑２０１５』による）。返品率は金額ベースでの数字ではあるが、部数ベースともそれほど違わないことが知られているので、それぞれ40％の返品があるとすると、書籍で７億冊、雑誌で９億８０００万冊が販売数ということになる。

もちろん、出版物の販売と図書館の貸し出しはそのままでは比較できない。出版販売は比較的新しい出版年のものが中心であるのに対し、図書館は蓄積された蔵書全体からの貸し出しである。だが、図書館の貸し出し数６億７０００万点は、雑誌も含まれているとはいえ図書中心で、書籍販売数７億冊に匹敵する数値になっている点に注目すべきである。

図書館は人々が気軽に来て自由な時間を過ごし必要な資料を借り出していける場所としてすっかり定着し、街づくりあるいは市街地再開発の拠点と見られるようになっている。かつては地域のな

msz

みすず 新刊案内

2017. 11

ゲームライフ

ぼくは黎明期のゲームに大事なことを教わった

マイケル・W・クルーン
武藤陽生訳

「七歳でプレイしたことがぼくを変えた。それはぼくに新しい成長の方向を与えた」

パソコンが未知への扉だった頃、子どもにとってPCゲームはセンス・オブ・ワンダーの源だった。数字の力、地図の力、「ここではない」世界の創造、魔法と絶望、死について……みんなゲームが教えてくれた。だがそれと並行して、「ぼくの中の別の部分は、人から遠ざかる方向に育とうとしていた」

ゲームとともに育つ子どもの意識の流れはこれまであまり言葉にされてこなかったが、本書はそれを新しい筆致で綴る。

背景には八〇年代アメリカの郊外地域の光景が垣間見える。レーガン信奉、第三次世界大戦の脅威論を煽るメディア……その只中で過ごしたぎこちない少年時代は、唯一の拠り所だったゲームとの親密な関係と表裏一体となり、著者の記憶に深く突き刺さっている。

ゲームと人生の奇妙な二重奏に引き込まれ、胸を衝かれるスリリングな一冊。

四六判　二三二頁　二六〇〇円（税別）

最後のソ連世代

ブレジネフからペレストロイカまで

アレクセイ・ユルチャク
半谷史郎訳

強大で安定した体制だと誰もが思っていたソ連が突然ガタガタになり、あっという間に消えてしまった。ソ連崩壊とは一体何だったのだろうか？

その鍵はブレジネフ期にあった。何も起こらなかったと言われたこの時代が、着々と崩壊を準備していたのだ。しかも内側から。

党も人々もソ連というシステムを再生産した。そしてシステムの中身は徐々に脆弱化していった。ソ連が永遠に続くと思いながら崩壊を自然に受け止める、ソ連人に共通した感覚は、ソ連自体が生み出したものといえる。

かつてのソ連人の生き生きした声からソ連社会の実態を浮かび上がらせた本書は、ソ連を知る必読書として、英語圏とロシアで大きな反響を得た。

――間違いなく後期ソ連に関する最高傑作だ。歴史研究であるばかりか、本物の文学作品を読むような満足も味わえる。（スラヴォイ・ジジェク）

四六判　五四四頁　六二〇〇円（税別）

完訳　天球回転論

コペルニクス天文学集成

高橋憲一訳・解説

一五四三年、ニコラウス・コペルニクスが地球中心説（天動説）から太陽中心説（地動説）へと理論を革新させた、科学史第一級の古典全六巻をここに完訳。さらにコペルニクスが太陽中心説の構想を初めて著した未刊の論考『コメンタリオルス』、ヨハン・ヴェルナーの著作を批判した書簡を収録し、コペルニクス天文学のすべてを凝集する。

コペルニクスの生きたルネサンス期、天文学は依然としてアリストテレス的な自然哲学に支配されていた。『天球回転論』の出版は、折しも古代の天文学者にして天動説の泰斗・プトレマイオスの理論が復興された時代においてであった。

コペルニクスはいかにして、そしてなぜ地動説へと辿りついたのか？　全篇に付した精緻な訳注、天文学史を古代から〈コペルニクス以後〉まで詳細に綴った訳者解説「コペルニクスと革命」によって明かされる、革命の全貌。

A5判　七二八頁　一六〇〇〇円（税別）

ライフ・プロジェクト

7万人の一生からわかったこと

ヘレン・ピアソン
大田直子訳

一九四六年のイギリスで、ひとつの研究が始まった。三月のある一週間に生まれたすべての赤ちゃんの生涯を追跡する〈コホート研究〉とよばれるプロジェクトだ。以来科学者は、同様の研究を数回にわたって行ない、成長していく人々の、学習、就職、結婚、死という、人生の全側面を記録してきた。

この試みから明らかになったのは、「いちばん頭の良い労働者階級の子どもは、いちばん愚かな中流、上流階級の子どもに、学校成績であっという間に追い抜かれる」「一九七〇年生まれの子どもたちの所得は、五八年生まれの子どもたちの所得よりも、親の所得と強く結びついている」など、貧困の根深さを示す多様な事実だった。

こうした成果はもちろん、資金難に直面した研究者たちの財政的闘い、政治潮流に翻弄される研究方針、コホートメンバーの人間ドラマまでを、徹底した取材で描き出す、「コホート研究」初のノンフィクション。

四六判　三七六頁　四六〇〇円（税別）

最近の刊行書

——2017 年 11 月——

野口良平
幕末的思考 3600 円

ケイト・フォックス　北條文緒・香川由紀子訳
イングリッシュネス——英国人のふるまいのルール 予 3200 円

北山修編著
「内なる外国人」——A 病院症例記録 3000 円

ローニツ／ゲッデ編　伊藤白・鈴木直・三島憲一訳
ヴァルター・ベンヤミン／グレーテル・アドルノ往復書簡 1930-1940 7800 円

上村忠男
ヴィーコ論集成 10000 円

マルク・レヴィンソン　松本裕訳
例外時代——高度成長はいかに特殊であったのか 3800 円

アラン・デケイロス　柴田裕之・林美佐子訳
サルは大西洋を渡った——奇跡的な航海が生んだ進化史 3800 円

ピーター・アダム　小池一子訳
アイリーン・グレイ——建築家・デザイナー［新版］ 5400 円

根本 彰
情報リテラシーのための図書館——日本の教育制度と図書館改革 2700 円

＊＊＊

月刊みすず　2017 年 11 月号

「大工道具屋の鍛冶行脚」上田昇／連載：「賛々語々」小沢信男・「図書館と学校」辻由美・「ガザに地下鉄が走る日」岡真理・「食べたくなる本」三浦哲哉・「ヘテロトピア通信」上村忠男 ほか　300 円（2017 年 11 月 1 日発行）

msz みすず書房
www. msz. co. jp
東京都文京区本郷 2-20-7　〒 113-0033
TEL. 03-3814-0131（営業部）
FAX 03-3818-6435

表紙：Henri Matisse

※表示価格はすべて税別です

かの文化ゾーンとか公園といったやや周辺部に配置されたものが、中心部に位置づけが変わってきた。また、市民活動センターとかギャラリーといった市民が生涯学習活動や文化芸術的な活動をする場と連動して、市民が集まる広場としての機能をもつことも増えている。

近年では「場所としての図書館」あるいは「知の広場」としての図書館といった表現で、図書館がもつ古くて新しい役割を主張することが増えている。図11は佐賀県の武雄《たけお》市図書館である。2013年に、ここは当時の市長の肝いりでリニューアルされて、民間のレンタルビデオ店を初めとするメディア市場において手広く経営する企業（カルチュア・コンビニエンス・クラブ）が指定管理者として運営する図書館となった。写真に見られるように、図書館として斬新なデザインを採用しただけでなく、隣接して書店、カフェ、レンタルビデオ店などの営利部門を配置したことで、従来なかった新しい市民の憩いの空間をつくることが可能になった。建て替え前と比べて、図書館利用者は大幅に増えている。他方、そうした民間的手法を導入したことで、改めて公的な図書館との関係が議論されることになった。また、公共図書館の蔵書としての選定方針が確立されていなかったことや、商業的ポイントカードが導入さ

図11　武雄市図書館（http://applembp.blogspot.com/2013/05/Takeo-City-Library-Tsutaya-Starbucks.html）

れ個人情報保護が商用システムと一体となって扱われる可能性があったことなど多くの問題点が指摘がされた。

指定管理とは２００３年の地方自治法改正で導入されたもので、以前には地方公共団体の外郭団体に限定していた公の施設の管理・運営を、株式会社をはじめとした営利企業・非営利法人・市民グループなどの団体に包括的に代行させることができるようにした制度である。業務委託とは異なり、管理・運営自体を民間団体に委ねるもので、いわゆる公設民営になる。単なる施設管理にとどまらない知的コンテンツ管理を行う図書館に、市場ベースのサービスノウハウが導入されることによる効果と、コレクションやサービスを通じた公共的価値を住民に媒介することを方針として掲げてきた機関の運営責任とを、どのように調整していくべきなのかが問われるようになっている。

さまざまな館種

ここまで図書館と呼んできたものは、図書館法に基づいてつくられている公共図書館のことである。図書館はこれ以外にもたくさんの種類があり、一般的には公共、大学、学校、専門の4館種に分けられる。それらは、それぞれ設置根拠の法律がある場合とない場合があり、親機関もそれぞれ多様である。それを一覧にしたのが表1である（『日本の図書館――統計と名簿　２０１５』および、専門図書館については『専門情報機関総覧２０１５』に基づく）。

図書館には、まず上記4館種に入らない国内最大の国立国会図書館がある。第二次世界大戦終了

種類	下位種別	法的根拠	親機関	数
国立国会図書館		国立国会図書館法	国会	3
公共図書館		図書館法	地方自治体	3,246
大学図書館		大学設置基準	大学	1,423
学校図書館		学校図書館法	地方教育委員会・学校法人	33,216
専門図書館	行政・司法図書館	国立国会図書館法	各行政官庁・最高裁判所	33
	政府機関・独立行政法人	親機関の法規に基づく場合がある	各機関	100
	地方議会・地方自治体	地方議会図書館は地方自治法	各機関	155
	美術館・博物館	一部は博物館法	地方自治体、財団法人・社団法人	291
	公文書館	国立公文書館法・公文書館法・公文書管理法	国、地方自治体	26
	民間企業		各企業	126
	その他の団体		各機関	274

表1　日本の図書館の種類と数

後まもない時期に占領軍総司令部の指導で、アメリカの連邦政府の議会図書館をモデルにつくられた。国会議員を第一のサービス対象にしているが、一般にも開かれた図書館である。東京永田町にある本館に加えて、上野に国際子ども図書館、関西学研都市に関西館をもっている。

　国立国会図書館と公共図書館は国および地方自治体が設置し、収集する資料の種類や主題を限定せずに一般向けにサービスを行っている図書館である。それに対し、他の館種の図書館は親機関があり、設置目的に応じて何らかの意味での限定がある。学校や大学のような教育機関に設置されているものは、それぞれ、学校図書館、そして大学図書館と呼ばれる。これらの図書館は教育上の必要性に基づいて設置されている。

このうち学校図書館は、学校図書館法（1953）によってすべての学校に設置が義務づけられているので、数としてはきわめて多い。だが、その格差は大きく、部屋やスペースに図書が置いてあって担当教員が世話をしているだけのものから、専任の教員ないし職員が配置されて独立した図書館として運営されているものまで千差万別である。

欧米諸国の学校教育は、自ら考えそれを表現する形での学びを重視しているために、学校図書館は学校の情報センターと位置づけられ、学校図書館を整備しそれを支援するための専門職の配置が行われている。日本でも占領期の教育改革によって、学校図書館を義務づけ司書教諭という教員を配置することを規定することで、それを志向した。だが、占領終了後の文部行政の揺り戻しにより、司書教諭の配置は十分に行われず、学校図書館は形だけのものにならざるをえなかった。

それでも20世紀末に従来型の学習ではなく、総合学習や主体的な学びを推進することが推奨され、それにともない学校図書館を積極的に位置づける考え方が徐々に定着しつつある。従来学校図書館の仕事には、読書環境の整備によって読書教育を支援することと教室での学習を資料情報面から支援することの2つがあり、読書が中心と考えられていたが、学習支援の重要性がようやく目に見えるものになってきた。

大学図書館は設置の根拠となる法律が存在せず、大学設置基準（文部科学省令）に基づく。高等教育および学術研究に図書館は必要との認識は一般的に共有されており、大学すべてに設置されている。こちらも、その規模や運営体制の格差は大きい。教育機関に付置される図書館の問題、とくに職員配置が不十分であることについてはこの後述べる。

専門図書館とは

他に、研究機関や政府官庁・自治体・企業、非営利団体に付設された図書館はひとまとめにして専門図書館と呼ばれる。情報センターとか資料館等の呼び方をされる場合もある。資料が必ずしも一般に出版される印刷物とは限らず、内部資料・報告書、古文書・古文献、原稿、音声資料（レコード、テープ、CD等）、映像資料（映画フィルム、DVD、BD等）などきわめて多様である。また、近年は、資料をデジタル化しネットワークを通じて外部に向けて発信するサービスが盛んになっている。総称して専門情報機関という呼び方をすることもある。

専門図書館の種類だが、まず、国立国会図書館法を設置根拠とした行政・司法図書館がある。これらは、国立国会図書館の支部図書館と位置づけられていて、同館との連携のもとでそれぞれの省庁や最高裁判所のためのサービス業務を行う。それ以外にも、政府系の機関がその業務や研究のために設置する図書館がある。

次に、やはり戦後改革の一環で地方自治法に規定された地方議会図書館がある。ここは政府や都道府県が作成し送付した刊行物を、地方議会の議員が調査研究に利用するために設置されている。設置が義務づけられているのですべての地方自治体にあるはずだが、この表には全自治体数の10%程度の数しか掲げられていない。多くの場合、議会事務局の片隅に資料や机、椅子が置かれるだけで図書館としてのサービス体制がつくられていないのである。

三番目は美術館・博物館に設置された図書館だ。美術館・博物館は所蔵資料を管理し展示することを旨とする機関だが、資料研究も行っていて図書館が併設されている場合がある。四番目の公文書館の場合は、図書館を併設するというよりは、それ自体が公文書やそれ以外の私文書をもつだけでなく、図書や印刷物を大量に扱っている場合が多いので、図書館と認定される場合がある。

第五に、民間企業もまた図書室や資料室をもつ場合がある。とくに報道機関やシンクタンクのような調査系の企業や技術開発を行う企業にその傾向が強いが、それ以外でも社内に社員の業務のための図書館が設置されることがある。最後に、これまでのカテゴリに入らないさまざまな営利・非営利の団体がある。それらは財団や社団の法人格をもつ場合ともたない場合があるが、それぞれの業務に必要な資料を集めて提供できるように図書館を設置しているものがある。

2　図書館の基本的な業務

図書館員の仕事は、ちょっと目には、棚から資料を選んだ利用者に対してカウンター越しに貸し出し業務を行っているだけのように見える。これは、書店もそうだし、スーパーマーケットあるいはコンビニも商品を並べて販売するという点で似ており、コンピュータ管理による物品流通のなかで顧客サービスの方法として定着しているものだ。

大きく違うのは、出版物を販売するのか貸し出すのかということだ。その違いは両者のもつ本質的な相違に基づく。それは、書店もスーパーもコンビニも商品流通の最終的な販売の部分を担っているのに対して、図書館の本は自治体などの機関の共有財産であり、図書館は資料を蓄積しそれを皆で共用するための施設である点だ。蓄積するためには、流れてくる出版物や資料から必要なものを選択して保管し、図書館コレクションをつくる仕事が必要になる。

図書館はそれぞれの親機関や潜在的なものも含めた利用者集団のニーズを反映して、資料を収集して蓄積していく。収集の範囲はあらかじめ定められているわけではないが、基本的な資料収集方針に基づいて行われる。図書館によっては、資料保存や資料廃棄まで含めた資料管理全体の方針を作成しているところもある。

資料コレクションの独自性こそが、図書館が図書館であるためのもっとも基本的な要素である。コレクションは歴史的に形成される。日々新たに生産されている商業出版物やそれ以外の多様な資料を収集方針に合わせて集めてコレクションにすることによって、フロー情報がストック情報に変換される。また、当該地域や所属機関、関連の主題領域の文化人、研究者、蔵書家が個別に集めてきた資料が寄せられることがあるが、これは私的なストックが公共的ストックに繰り入れられることを意味する。

このように、コレクションをつくり資料を管理することが、図書館員の仕事の中核にあるものである。図書館は、情報ストックと情報フローを情報リテラシーの観点から調整するための社会的機関である。

資料の組織化

それに加えて、コレクションを有効に利用できるようにするための、資料の組織化の仕事がある。資料を分類して配架したり、目録を作成して検索できるようにすることである。かつては、これがきわめて重要な図書館員の仕事とされていた。日本図書館協会が『日本十進分類法』と『日本目録規則』という標準的なツールを用意していて、図書館員は届いた資料の一つ一つについて分類記号を付与し、それに基づいて資料を配架し、目録カードを作成して著者名、書名、件名（主題）から検索できるようにしていた。このツールの存在が、書店と違って図書館が多様なアプローチによってコレクションにアクセスすることを可能にするものであった。

しかしながら、現在、資料整理のための基礎情報としてＭＡＲＣ（機械可読目録）と呼ばれる書誌情報データベースが集中的に作成されて提供されているので、個々の資料について分類したり、目録をとったりする手間はかなり軽減されている。もちろん、ＭＡＲＣは標準的なツールをもとにすべての図書館向けにつくられた汎用のものでしかないから、個々の図書館に合わせた分類記号の変更や目録情報の改変、補足などは随時行われている。MARCに登録されていない資料についてはオリジナルな整理が必要だ。

資料の組織化をさらに踏み込んで考えてみると、第1章で触れた絵画検索の索引のように、出版物より下位レベルのコンテンツを検索するためのデータベース構築のような仕事が重要になることがわかる。地域の図書館では実際に、たとえばローカル紙の記事見出しの索引データベースの構築が行われている。このように、コンテンツを記述し、そこから標目や分類、主題検索語（件名）を抽出したものをメタデータと言う。現在では、所蔵する古文献、古文書、地図、絵画などのコンテンツを直接デジタルアーカイブ化して提供することも行われているが、これらも検索可能にするためにはメタデータを付与することになる。図書館目録はメタデータ検索手法の一つであり、メタデータの記述は資料組織化の発展形として取り組まれている。

レファレンスサービス

さらに図書館員は、コレクションづくりと資料整理のための知識と技術をベースにして、資料に関するさまざまな利用者の質問に答える「レファレンスサービス」と呼ばれる業務を行っている。図書館関係者にはこれこそが図書館員の専門性がもっとも発揮される部分だという考え方が根強い。図書館にはレファレンスツールと呼ばれる調査のための資料が置かれていて、図書館コレクションとともにこれを使いこなすことによって、広範囲の質問に答えることができる。

レファレンスツールには大きく分けて、事実調査系のツールと書誌調査系のツールがある。これは第3章でみたレファレンス（参照行為）におけるコンテンツ表示と書誌参照の考え方とに対応する。事実調査系のツールは百科事典からはじまり辞書・事典、年鑑、ハンドブック、ディレクトリ、要覧等々の、それを見るだけで、一定範囲の調査の回答が得られるものである。それに対して書誌調査系のツールとは、タイトルに書誌、文献目録、索引、抄録といったワードが入るもので、他の文献の検索を可能にすることで、間接的に調査の回答が可能になるものである。

現在、これらのツールのかなりのものは、図書館を初めとしてさまざまな機関がデータベース化し無料公開している。誰でも使えるものではあるが、冊子体のものも含めて、こうしたツールの価値がわかって使いこなすことは簡単ではない。繰り返すように、コレクションから必要な情報や知識を取り出すためには情報リテラシーが身についていることが要求されるのだ。

レファレンスサービスは質問応答の過程であるが、これを記録することで次の質問を処理する際に参考になる。さらにはこの質問応答記録をデータベース化して公開すれば、それ自体がきわめて貴重な情報源となるし、また、情報リテラシー教育の教材ともなる。

館種ごとの専門的サービス

以上の基本的業務に加えて、それぞれの図書館の事情に合わせたさまざまな仕事がある。たとえば学校図書館には、読書資料の提供と教育・学習資料の提供という重要な任務がある。それも教員向けのサービスと児童・生徒向けのサービスが必要となる。教員に対しては教育課程と教育方法を理解した上で、学年、教科、個々の授業に合わせた資料を準備する必要がある。また、児童・生徒に対する資料も年齢や学習過程を念頭において、集団的・個別的に適切な対応を行う。これらのやりとりには、教育・学習の場に合った情報リテラシー能力に加えて、教授者および学習者との円滑なコミュニケーションを可能にする能力が要求される。

さらには、読書教育の一環として子どもたちに対する読み聞かせやストーリーテリングといったものを図書館あるいは教室で実施することがある。さらには、情報リテラシー教育そのものを図書室の担当者が行うこともある。このように、教育課程・学習過程に直接関わることになる。

これは学校図書館の例であるが、他の館種でもそれぞれの所属する機関の業務に沿って情報資源・知識資源を提供するのが仕事である。大人であれば個々の利用者は自分の領域のツール、情報資源については知っているだろう。だが図書館のサービスは、あらゆる知識領域の質問、あらゆる範囲の利用者がすると想定される質問の存在を前提に行うものである。高度な専門性をもったサービスと考えられる理由はここにある。

3　日本の図書館員の資格制度のあり方

司書と図書館員との違い

今、専門性という言葉を使った。図書館員は専門職だという主張も昔からある。だが、実際問題として図書館員は現代社会においてどのように位置づけられているのだろうか。

最初に、図書館員という言葉と司書という言葉の区別から始めよう。これらは図書館で働いている職員を指す同義の言葉として使われることもある。だが、厳密に区別される。司書という言葉は図書館法に基づく。同法第４条には次のようにある。

第４条　図書館に置かれる専門的職員を司書及び司書補と称する。
２　司書は、図書館の専門的事務に従事する。
３　司書補は、司書の職務を助ける。

専門的職員との規定があるが、図書館法は実質的に公共図書館法であるから公共図書館職員を想定して資格を設定している。また、司書とは職名であって、厳密には専門的職員を置いている図書館におけるその職員の職名が司書及び司書補ということになる。つまり、司書の資格をもっているだけでは司書ではなく司書有資格者にすぎない。

司書の資格要件

司書の資格要件は、同法第5条に規定されている。その基本は、大学において図書館に関する科目を履修して大学を卒業するか、大学あるいは高等専門学校を卒業して、司書の講習を履修するかのいずれかである。大学における図書館に関する科目および司書講習科目については、同法の施行規則で13科目24単位以上の科目内容が決められている。資格取得のためには、在学中に大学が開講する科目を履修するか、卒業した後に司書講習を受けるかのいずれかということになる。

大学には短期大学が含まれる。また、資格取得にあたっては必要な単位を取得すれば資格要件を満たすことになる。この2点は、司書資格の特徴であり、また、大きな問題とされることが多い。

短期大学卒あるいは、講習だと高等専門学校卒でもかまわないわけだが、学歴要件として2年の高等教育課程しか必要としていないことは、四年制大学卒が基本となる高度学歴社会において司書が評価されにくい理由の一つになっている。学士レベルの教育課程を経た専門性を備えていなくとも資格取得できるものと見なされることを意味するからである。

統一試験を行わず、単位をとるだけで資格が取得できることは、教育関係の国家資格に共通のもので、開放制資格と呼ばれる。戦前期の教員が師範学校における養成に限定されていたのに対し、戦後教育改革の際に、どんな大学でも一定の科目を用意できれば教員資格を出せるとしたものである。司書、学芸員もこれに準ずる扱いになっている。資格試験は行われず、専攻の如何を問わず、資格関連の科目をとるだけで大学が資格を出すことができる。講習も同様である。

通常の資格では最終的に国家試験合格が要求されるが、開放制の資格は単位積み上げで資格になるので、最終的な評価過程が存在していない。そのために取得は容易であり、また、資格取得者の知識・技術のばらつきが大きくなる。それでも、教員資格のように採用試験が広く行われている場合は、それが資格試験に準じたものと見なされるわけだが、司書のように、正規職の採用枠がきわめて小さいものだと資格を評価する場がほとんどないままに、資格取得者が広く存在していることになる。

資格要件のあり方

国家資格には通常、業務独占資格、名称独占資格、必置資格といった区分があることが言われる。このうち、業務独占資格とは、ある業務を行うのに特定の資格を取得しているものだけが従事でき、資格がなければ、その業務を行うことができないものである。弁護士、税理士、医師、公認会計士などがあてはまる。

第二に名称独占資格だが、有資格者だけが名乗ることを認められている資格で、資格取得者以外の者がその資格の呼称を利用することが禁じられているものである。技術士、栄養士、介護福祉士、社会福祉士などがある。業務独占資格とは違って名称独占資格は、独占するのは名称だけで、資格を持っていなくても有資格者と同様の行為を行うことは可能である。

第三に、必置資格である。これは義務設置資格とも呼ばれ、特定の事業を行う場合に、その事業所に該当する資格保持者を置くことを定められている資格のことである。業務独占資格、名称独占資格は当然必置資格ということになるが、それ以外には旅行業務取扱管理者、宅地建物取引主任者、保育士などが当たる。

3つの区別はこの順で取得が容易になる。司書の場合、図書館に必置との法的規定がないので法的には必置資格ではない。司書の仕事は誰がやってもよいので、業務独占にあたらない。地方自治体によっては司書という職名があり、司書資格をもった職員を採用している場合など名称独占の要素をもつ図書館はある。だが、一般に司書の呼称が資格のあるなしを問わず図書館職員の別称のように使われているのをみても分かるように、必ずしも厳密なものではない。

図書館員の配置

文部科学省が3年に1度実施する「社会教育調査」の平成27年度版によると、公共図書館の専任職員数は全国で合計1万1448人となり、3年前と比べると5％ほど減少している。そのなかで「司書」は5410人と約半数を占めている。だが、実際には職名として司書をもち、一般事務職員とは別枠で司書を採用しているような自治体は、都道府県や政令市など比較的大規模な自治体を中心に一部に限られている。多くの場合は、事務職で採用された職員のなかで司書資格をもつものを図書館に配属する方法がとられる。つまり安定した職とはなっていないのである。

また、非常勤職員は2万人近く（うち司書資格のあるものが1万人弱）にのぼり、指定管理者が雇用するものが7000人弱（司書有資格者4000人弱）いる。統計には現れていない委託会社に雇用されて図書館勤務になる職員も数多くにのぼる。これらの人たちは、通常、非正規職員と呼ばれ、その数は3年前に比べてかなり増加している。

ここまで概観してきたように、司書資格は公共図書館のみに規定された国家資格であり、国家試験も行われず単位を積み上げることで取得可能で、必置資格でも業務独占資格でもない。専門資格としては取得が容易な甘い資格であると言うしかないものである。実際の専門的職員としての配置についても、多々問題がある。

次に、他の館種の職員体制をみておこう。

大学図書館は法的な設置根拠が大学設置基準しかない。同基準38条には図書館の具体的な資料や設備等について書かれている。その第3項に、「図書館には、その機能を十分に発揮させるために必要な専門的職員その他の専任の職員を置くものとする」と、図書館法と類似の規定が置かれている。

だが、専門的職員についてこれ以上詳細に定められたものはなく、職員配置については個々の大学に委ねられているのが実際である。日本図書館協会の『日本の図書館――統計と名簿』2015年版によると、専従職員4799人、兼務職員1563人、非常勤職員2839人の計9201人である。これ以外に非正規職員が多数配置されているのも、公共図書館と同様である。

学校図書館であるが、学校図書館法第5条1項は「学校には、学校図書館の専門的職務を掌らせるため、司書教諭を置かなければならない」となっている。ただし附則で11学級以下の学校では当分の間置かなくてよいとあって、実質的には12学級以上の学校で司書教諭を配置することが義務づけられている。司書教諭資格は、教員でさらに司書教諭講習（5科目10単位）を終えたものに与えられる。大学生が在学中に教員資格とともに司書教諭講習に相当する科目を履修することでも資格を得ることができる。

司書教諭は、ごく少数の専任司書教諭配置の学校を除いて、学級担任ないし教科を担当する教員の兼務で配置されることが一般的である。そのために、ほとんどの場合、教員にとっては授業と学級運営以外の職務分担の一つという意識で位置づけられている。先ほどから述べているように、学校教育における学校図書館は教育課程における読書教育と情報リテラシー教育を行う場であって、そのためにはそれを行う教職員の位置づけがきわめて重要である。だが、こういう職員配置だとなかなか実現しにくいことになる。

近年、学校図書館法改訂により、第6条に「学校図書館の運営の改善及び向上を図り、児童又は生徒及び教員による学校図書館の利用の一層の促進に資するため、専ら学校図書館の職務に従事する職員（次項において「学校司書」という）を置くよう努めなければならない」という規定ができた。この規定によって、従来から司書教諭以外に学校図書館の運営に携わる事務職員が置かれる例が多かったが、それらの人たちを学校司書と呼び、法的に認知することになった。それにより、その養成についての規定も整備されつつあるが、最終的に文科省は養成のためのガイドラインとしてモデルカリキュラムを示すにとどまった。1998年の地方分権推進計画により、地方公務員の資格に関して全国的な規制をかけないという方針により、学校司書は国家資格にしないということだ。

学校図書館という狭い職域に、教育職と事務職の性格の異なった職員が関与することを制度化したことがよかったのかどうかについては多くの議論がある。さらに、学校司書が専門職として中途半端な位置付けになったことは、学校図書館が情報リテラシー教育に果たす役割を考えると大きな疑問が残る。

現状の職員配置であるが、文科省児童生徒課の調べ（「平成28年度「学校図書館の現状に関する調査」結果について〔概要〕」）によると、2016年4月現在の司書教諭の発令率は小学校で68％、中学校で65％、高等学校で84・5％であり、全国に約2万8000人が発令されている。学校司書の配置率は小学校59・2％、中学校58・2％、高等学校66・6％である。2万2000人ほどいる学校司書の34％のみが常勤で非常勤が66％である。また、常勤の学校司書を配置している学校は7090校で全体の18・7％しかない。

最後に専門図書館であるが、多くの場合、法的根拠もほとんどない任意設置の機関であるので、職員についてもとくに規定があるわけではない。個々の機関、それも親機関の運営方針に委ねられている。

	設置機関数	図書館数	図書館員数	補助職員数
公共図書館	1,352	3,331	20,331	17,253
大学図書館	1,012	1,677	4,859	8,975
学校図書館	2,388	37,979	7,572	14,690

表2　3館種の職員配置のまとめ

図書館員数の概要

以上、図書館員の各館種ごとの配置状況を見てきたが、もとより統一的な図書館員の資格制度があるわけではない。そのなかで、専門的職員を配置する努力は行われているが、そうした職員を専任の専門職として雇用するところは多くはない。配属された事務職員が見よう見まねで仕事を学びつつ業務を担っているケースも少なくない。非正規職員に司書の有資格者が多いという皮肉な事実もある。

最後に、これらの館種のうち、公共、大学、学校図書館の統計値を表2にまとめておこう。統計はすでに触れた資料に基づいている。

このなかで「図書館員数」については、やや複雑な操作をしている。というのは、司書は法的に公共図書館の専門的職員として位置付けられているにすぎず、館種を超えての図書館員の定義がさだまっていないからである。また、司書資格があるかないか、常勤か非常勤か、委託派遣等も含むか、常勤でも専任だけか兼任を含むかなど、職位のあり方がきわめて多様であるからである。また、統計の取り方も館種によって一様ではない。

ここでは、公共図書館については全職員（館長を含む）のなかで司書資格をもつものを図書館員とした。この職に就いていても資格をもたないものは補助職員とした。数値は、非常勤、臨時、委託派遣などの非正規職員もフルタイム換算してある。だから、専任の図書館長であっても司書資格をもたないものについては、図書館員として扱っていない。ちなみに、館長のうち司書有資格者は766人、無資格者は2274人で、有資格率は24・4%であった。

大学図書館は専従職員の数である。資格制度がないので専従で図書館に勤務する人を図書館員とみなす。

学校図書館は、今のところ統計のカテゴリが司書教諭と学校司書しかない。常勤の学校司書を図書館員とし、非常勤学校司書を補助職員とした。先に述べたように司書教諭のほとんどは校務分掌という位置付けなので職員としてはカウントしていない。現行の学校司書の採用条件は多様であり、学校図書館法改正後の新しい学校司書養成が本格的に始まっていない段階なので、これで見ておく。なお、大学図書館、学校図書館の非正規職員（非常勤、臨時、派遣職員等）は延べ数でフルタイム換算はしていない。

全体として、公共図書館の職員数が多く、学校図書館、大学図書館と続く。また、図書館員に対して、かなり多数の補助職員が配置されていることがわかる。

4　アメリカの図書館職

図書館数と図書館員、補助職員の数

日本の図書館職はアメリカをモデルにしてつくられたことは確かである。それは前述のように、戦後の占領期にアメリカ人の図書館専門家が来日してアドバイスしたり、指導を行ったりしたからである。1950年にできた図書館法はその強い影響を受けてできたものであったが、できたものは戦後の図書館振興の根拠とするためには薄弱なものだった。それではモデルになったアメリカの図書館員制度はどうなっているのだろうか。

まずアメリカの図書館の現状から見ておこう。その数として、アメリカ図書館協会が2012年の各種の統計から抽出して整理したものがあり、それを表3で示した。設置機関数とは公共図書館では設置自治体、大学図書館は設置大学の数である。大学図書館の図書館数については正式な統計はない。アメリカの図書館員（librarian）はアメリカ図書館協会（ALA）認定の大学院を修了した人たちであり、補助職員とは図書館員ではないが、大学ないし高等教育機関で養成課程を修了した人たちである。ここでの人数はフルタイム換算された数値を用いている。

表2と表3で、アメリカと日本の図書館員数を比較すると、公共図書館ではそれ程でもないが、大学図書館と学校図書館では桁違いの差があることが分かる。

	設置機関数	図書館数	図書館員数	補助職員数
公共図書館	9,082	16,536	46,808	90,043
大学図書館	3,793	—	26,606	59,145
学校図書館	—	98,460	73,414	149,188

http://www.ala.org/tools/research/librarystats

表３　アメリカの図書館数と図書館員、補助職員数

日米の図書館職員数の比較

両国の平均の配置数を比較してみると表４のようになる。公共図書館と学校図書館は１図書館あたりの配置数であり、大学図書館は１大学あたりの配置数である。公共図書館の場合、職員の全数のうち専門資格をもつ職員数を図書館員としているが、そうすると図書館あたりの図書館員の数はアメリカよりも多いことが分かる。大学図書館と学校図書館については、常勤あるいは専従の職員を図書館員とした。大学図書館の職員数の差は歴然としており、とくに補助職員数が少ない。学校図書館もまた職員数が少ない。図書館員と補助職員を合計した数でアメリカでは１学校あたり２人以上の職員がいるのに、日本では合わせて０・６人である。つまり４割の学校には職員配置がないことを示す。

公共図書館については、非正規の図書館員も含めているので職員数は確保されているが、図書館員の質的側面が問われる。大学図書館、学校図書館については質量共に差が大きいと言わざるをえない。

アメリカの図書館員は、次章の表現を先取りすれば一つの職域を形成している。簡単に言えば、館種の違いはあっても図書館員の職が共通の

	図書館員数		補助職員数	
	アメリカ	日本	アメリカ	日本
公共図書館（図書館あたり）	3.7	6.1	9.7	3.2
大学図書館（大学あたり）	7.0	4.8	15.8	8.9
学校図書館（図書館あたり）	0.6	0.2	1.5	0.4

表4　日米の図書館職員の平均配置数比較　（人）

養成課程を修了した人によって占められているということである。日本の図書館員養成が図書館法に基づく司書と学校図書館法に基づく学校司書、司書教諭というように別々に行われ、大学図書館や専門図書館についての正式な養成課程が存在していないのと比べるとずいぶん違っている。また、基本的に図書館員は大学院修了者の職域であるが、別の養成課程による補助職員の養成が行われている点も日本とは違っている。

アメリカの図書館員養成

アメリカの図書館員養成は基本的に専門職大学院で行われている。通常は四年制大学に設置された図書館情報学大学院あるいは情報学大学院で行われる。アメリカの場合、医師養成や法曹資格は州法に基づくが、多くの専門職は全米規模の専門職団体が資格試験や資格認定を行ったり、教育課程設置の認定を行ったりすることでコントロールをしている。図書館員の場合は、１９５１年にアメリカ図書館協会（ＡＬＡ）が出した図書館学教育認定基準があある。現在は、その改訂版である図書館情報研究認定基準（２

015）に基づき課程認定が行われ、認定されたアメリカ54大学、カナダ7大学の計61大学が養成教育を行っている。

認定された大学の多くは州立の総合大学に設置された大学院課程である。カリフォルニア大学ロスアンゼルス校、イリノイ大学アーバナシャンペーン校、ミシガン大学アナーバー校、ノースカロライナ大学チャペルヒル校などの伝統校が含まれている。かつては著名な研究大学であるシカゴ大学、コロンビア大学、カリフォルニア大学バークレー校などもALAの認定課程をもっていたが、1970年代から80年代にかけての大学の財政危機の際に閉鎖に追い込まれた。基本的に公共部門におかれた情報サービスのための人材養成を行うので、こうした大学が要求する財務的な条件をクリアできなかったからである。

大学院は基本的に1年コース制で、提供されるカリキュラムは、図書館情報学の基礎、情報・知識組織化、レファレンス情報サービス論、図書館経営・管理論、コレクション形成論、情報利用と情報ニーズといったものが一般的である。これに、各種のトピックや図書館での実習が選択制で加わる。2012年のALA認定校の教員総数は641人で1課程あたり平均13人、修士学生総数は9272人で1課程あたりの平均学生数は193人になる。また、年間のALA認定修士号取得者の総数は4956人で1課程あたり97人である（大城・山本 2016, p. 24）。

なお、学校司書養成に関してはこの認定とは別で、ALAの一つの部門であるアメリカ学校図書館協会（AASL）が認定する課程で行われている。AASLは大学院修士課程での養成を認定するという基本姿勢であるが、多くの州での学校司書の採用規定は学士を要件とするので、学士レベルの養成課程をもつ大学も多い。すなわち、この領域での養成課程は多様であって、その点ではALA／AASLの一枚岩の課程とはなっていない。

さらに、先に述べたように補助職員の養成課程も多数存在している。ALAは図書館の補助職を事務職（clerk）、図書館技術補助員（library technical assistant）、準図書館員（library associate）に分けている。通常、このうちの図書館技術補助員の養成が二年制課程の短期大学あるいは専門学校で行われていて、ALAの図書館補助員資格証が出されている。すなわち、専門職図書館員ではない補助的職員もまたある程度の養成カリキュラムによって教育を受けた人たちなのである。

iSchool の動き

これらは、名称はともあれ伝統的な科目群であるが、２０００年代になってiSchool ムーブメントが起きた。information school すなわち情報学の教育課程のことで、インターネット以降の情報環境のなかで、情報学を再構成しようという動きである。コンピュータ科学やメディア学と一緒になって新しい教育研究分野をつくるもので、27大学ある正式メンバーは国際的な広がりを見せている。カリフォルニア大学バークレー校のようにALAの認定校を離れてiSchool だけで行こうとするところと、ミシガン大学やシラキューズ大学、ピッツバーグ大学などのようにALA認定を維持しながらiSchool の看板を掲げているところがある。

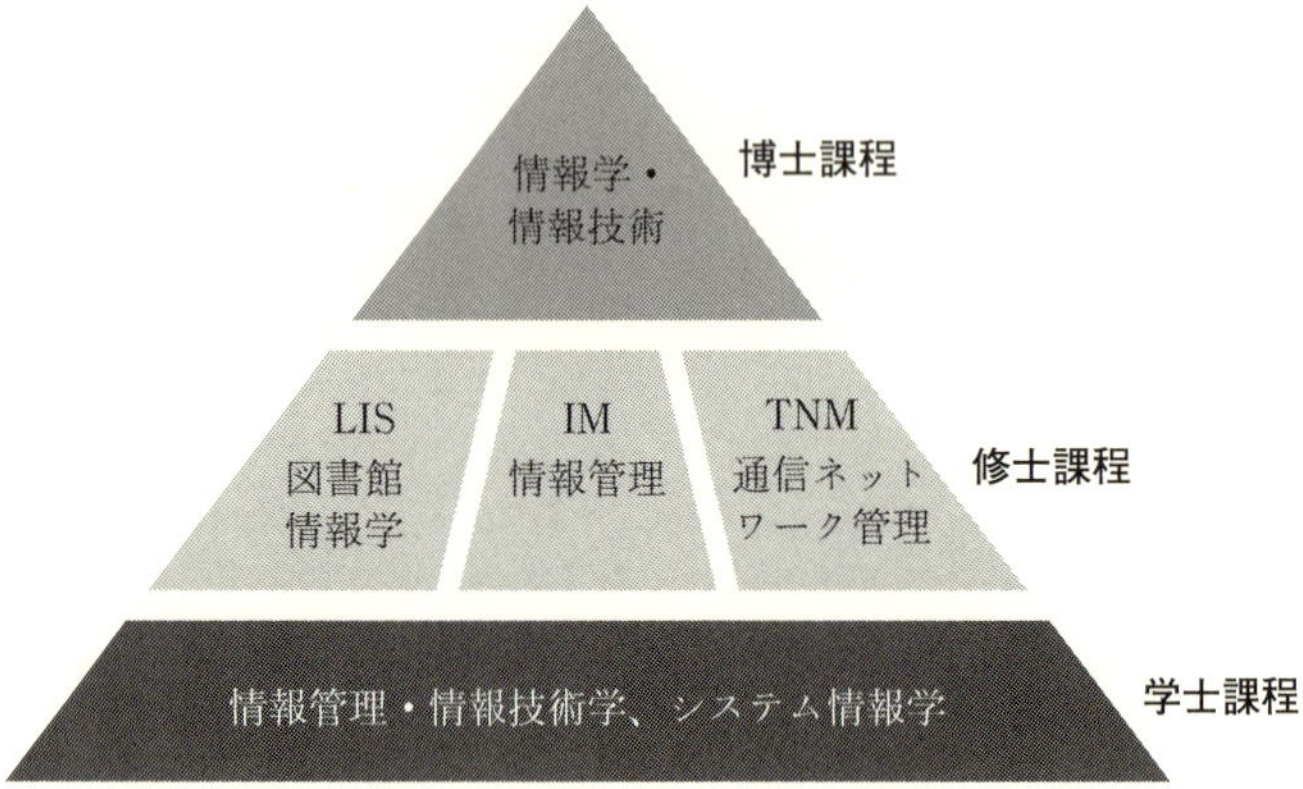

図12　シラキュース大学情報学部のカリキュラム

たとえば図12はその初期のメンバーであるシラキューズ大学情報学部のカリキュラムの概念図である。上にある博士課程は情報学・情報技術という名称であり、下の学士課程は情報管理・情報技術学とシステム情報学という名称である。だが中心にある修士課程は図書館情報学（ＬＩＳ）、情報管理（ＩＭ）、そして通信ネットワーク管理（ＴＮＭ）の３つの領域から構成されている（Liddy 2014）。多くの図書館情報学大学院が知的コンテンツの管理に関わるＬＩＳを中心にして、コンピュータによる情報管理を行うＩＭの要素を加えているのであるが、ここはさらにネットワーク管理を含めた情報通信分野に大きく踏み出していて、３つの分野を学ぶことができるようになっているところが特徴である。修士課程にある３領域がある程度の独立性をもっているのは、図書館員の専門職養成がＡＬＡが認定する課程で行われているためである。

このように図書館情報学の養成課程は、現在デジタル化の波を受けて伝統的なものを守るか新しい分野に乗り出すか試行錯誤中と言った方がよいだろう。だが、ＡＬＡの図書館情報学大学院の認定自体を保持する考え方は変わっていない。すでに60年以上の歴史がある図書館員養成は当分このまま続くだろう。

第7章　図書館と博物館を比較する

1　専門職の社会学

日本の専門職

前章までにみてきたように日本の図書館員養成制度には課題が多い。課題としては、第一に公共図書館向けの司書資格だけではなく、他館種を含めた共通の専門資格制度を確立する必要があること、第二に専門資格を出すのに最低限でも学部に専門の養成課程を置き、厳密な認定を行うこと、第三に、補助職員の養成についても検討する必要があることが挙げられる。こうした議論は図書館関係者のあいだでも早い時期から行われてきた。しかしながらそれが力をもたなかったのにはさまざまな理由があったが、とくに重要なのは、有資格の専門職をつくるということは政策的なパワーポリティクスの産物であることの自覚が図書館関係者に不足していたからである。

1990年代中頃、専門職大学院の設置について検討され始めたときから、高等教育と職の専門性の関係についての議論が盛んになった。戦後形成されてきた職業選別の構造を見直すことで、バブル経済崩壊以降の日本社会の停滞状況にメスを入れ、社会のダイナミクスを取り戻そうという動きである。それは一方では規制緩和による職業市場の開放を進めることであった。

これまでは、法曹界がその典型であったが、学部教育を基準にして、国家試験を実施して競争的に人材を選別し、その後に研修課程を設けて専門職に配置するというのが有力なモデルであった。学部教育に実務的なものを組み込んで、試験合格後の研修課程を軽くするものもあったが、いずれにしてもどこかに試験という枠を設けて、ここで人数と人材の質を調整することを行っていた。

6年間の学部教育に実務を組み込んでいた医師養成教育には、大学入学試験時にきわめて激しい競争があった。法曹教育においては、法学部自体の入学はオープンであったが、卒業後の司法試験の枠が狭かったことで厳しい競争が生まれていた。これらによって医師と法曹を頂点とする職業のヒエラルキーが形成されていたことも確かである。

専門職大学院とは

だがアメリカでは大学院によって専門職を育成する仕組みをとっていた。学士課程での専攻を問わず専門職大学院に入ることが可能であり、一定の課程を修了し、政府ないし専門職団体が行う試験を経て職に就けることになる。その場合、専門職大学院への入学は調査書、推薦書、面接によるもので、総合的な選考による仕組みは学部と同様だ。もちろん専門によってさまざまな入学条件がつけられているし、医学専門職大学院《メディカルスクール》や法科大学院《ロースクール》に入ることはそれなりに難しい。だが、こういう人材選考から始まり、実務教育を通して、専門家をていねいに育成していくというのが専門職大学院の考え方である。

２００３年の学校教育法改正により導入された、日本の専門職大学院もこれをモデルにした。とくに法科大学院は、オープン制の司法試験受験資格だったものがここの修了が受験条件になるという点で法曹教育の大きな転換であったので、かなりの注目を浴びた。他に、教職、経営、会計、公共政策、臨床心理、公衆衛生などの領域に専門職大学院ができた。これらを修了すると、それぞれの職に就くための資格や国家試験受験資格が得られることになっている。

だが、始まってみてさまざまな問題が見えてきて、この制度は当初の期待通りのものにはなっていない。まず、法曹資格のように業務独占の専門職資格を出す専門職大学院はほとんどない。必ずしもそこを修了しなくとも、多様な資格取得の道が開かれている職も多い。法曹資格にしても、法科大学院の定員枠を増やした結果、司法試験自体の合格者数も増えているから、以前に比べて資格はとりやすくなったといえる反面、司法職のなかでも圧倒的に多い弁護士職に就いてからの競争が激しくなっている。こうして法科大学院設立以前に比べて、司法職の内部に格差が拡がることになる。

何よりも2年間の学費負担が加わる上に、大学院修了にもかかわらずその報酬は期待されたほどにはならないという声が聞こえる。法曹にしてこれだから、大学院の門戸を拡げることは、就職のための市場が学部教育修了段階から大学院修了段階に上がっただけということが言えるのかもしれない。

だが、学部段階で専門を学ぶことについては、一般教養に加えて専門的な学びをするには動機付けもあいまいであり、結局のところ資格取得や試験合格自体が目的化する可能性がある。それに対して、専門職大学院は、学習者がその職に就くことを選び、そのための専門的科目に実務や実技を含めて専念することで、学びの質が上がることが期待される。

専門職のパワーポリティクス

日本で専門職がどのように形成されるのかについて、社会学的に研究した著作が刊行されている。教育社会学の橋本鉱市は『専門職養成の日本的構造』（橋本 2009）のなかで、専門職は「高等教育－資格試験－現場採用」というプロセスから構成され、それぞれの段階ごとに質と量の調整をしているという。そして、このプロセスに強い影響力をもつものとして、次の3つのセクターを挙げている。

一つは養成を担当する「高等教育機関」である。先ほど見たように大学の学部、大学院あるいは専門職大学院等が該当する。さらには、それらを横につなぐ、大学教育者の団体や学会なども含まれる。二つ目が、法や規則で枠組みをつくる中央省庁あるいは地方自治体などの「国家・政府」で

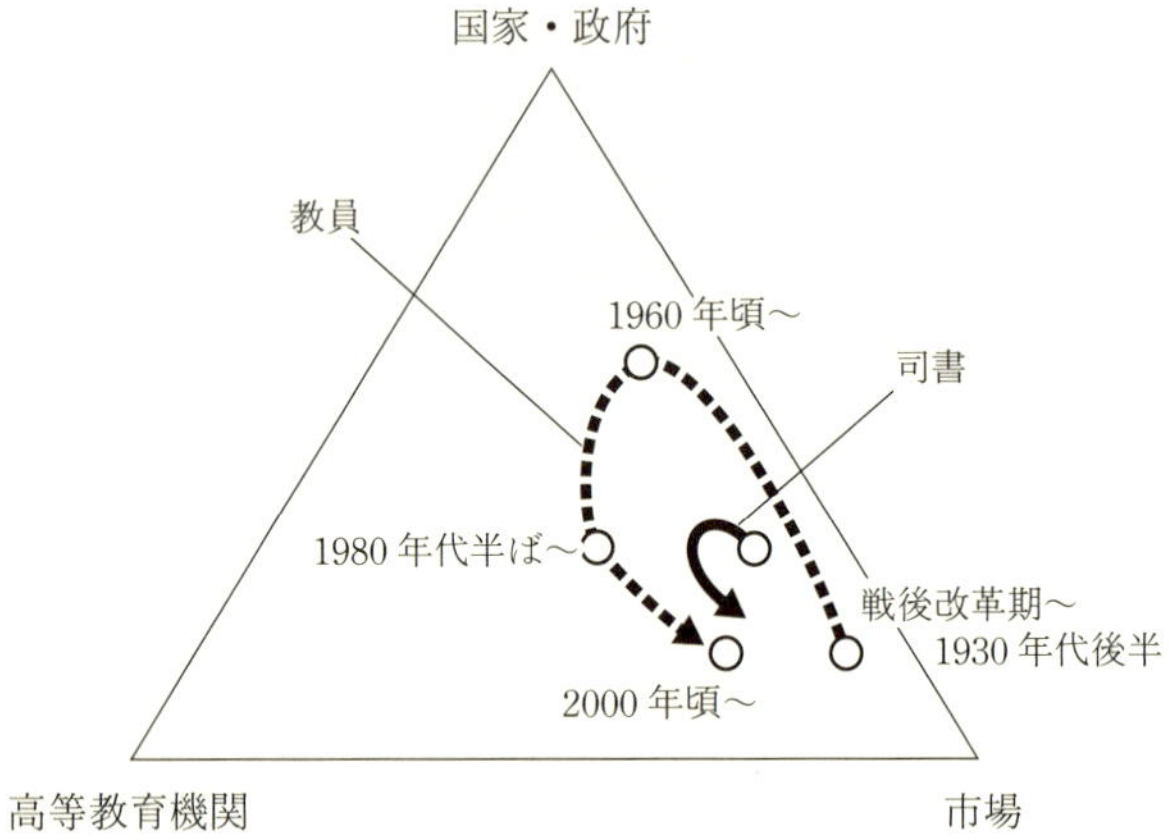

図13　教員と司書養成におけるパワーバランス

ある。ここには、関係省庁の担当部局、利害関係のある議員、自治体の監督責任部門なども含まれる。そして、三つ目が、専門職そのものが働く職場である「市場」である。「現場」という言い方がされることもあり、その利害を代表する職能団体や労働組合も含まれる。

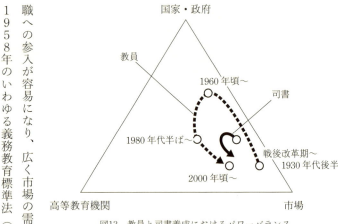

3者の間のパワーバランスが時代によって変遷し、それは3者を頂点とする正三角形のなかの点の軌跡として表現することができるというのが、この研究の主張である。たとえば、教員という専門職の戦後のセクター間のバランスは図13の点線のように表すことができる（橋本 2009, p. 123）。

戦後教育改革により、教員養成は師範学校に限定せずに、大学で何を学んでいても資格がとれる開放制と呼ばれる原則を確立した。これによって、教員職への参入が容易になり、広く市場の需要に委ねられることになった。しかしながら、占領終了後、1958年のいわゆる義務教育標準法（標準法）の制定により、学級編成と教員定員の法的統制が始まり、教員の採用過程に国が関与することになった。就職における数的な統制が始まったのである。三角形の上の頂点に向かう動きはこれを示している。その後1980年代に、教員養成系大学の定員削減があり、これは結果的に一般大学の養成を強化することになり、市場に向かってのシフトが始まった。そして、2000年代には地方分権一括法によって国の統制はさらに弱まり、市場ベースの原理は強まったとしている。

ここでは教員養成の量的統制作用のなかで、3つのうち市場（すなわち地方教育委員会と教育現場）が常に支配的に動き、国ないし高等教育機関による計画統制はできていないことが述べられている。開放制の原理が強く働き、国の統制に従属しがちな教員養成系大学よりも、一般大学の教員養成課程で教員が大量に養成され、それらが市場における需給関係によって最終的に調整されたわけである。

司書の位置づけ

教員に少し遅れて開放制の原理でスタートした図書館司書は、教員以上に市場が支配するなかで養成が行われてきたことは明らかであろう。司書養成においては、標準法のような国家統制の枠組みが存在しない。図書館法に基づいて大学での養成が始まった時点で、国や高等教育機関はあまり関心をもっていなかったので、最初から市場任せであった。1970年代の高等教育大衆化の時代に多くの私立大学に司書課程ができたのは、学生集めの手段として位置づけられたからである。高等教育機関は市場においては供給過剰であることを承知の上で司書養成を行い、１９８０年代、90年代に開講大学数を増やしてきた。市場における需要と供給のバランスがとれない状態で増やせたのは、幻想であるにせよ受講生に、国家資格の付与という価値を与えることができたことが大きい。これは、教員養成でも同じことなのだが、市場のアンバランスは司書の方がはるかにひどい。図を画くとすれば、最初は法的な力でできたので国家セクターが働いたが、まもなく高等教育の力が少々働いた後は一貫して市場に委ねられることになり、そのまま均衡したままになっていると思われる。それを示したのが図13の実線である。

先の著作では、他にも医師、法曹、大学教員ほか10種類の専門職を扱っているが、どれも三角形のなかでのパワーの均衡点はダイナミックに動いているものが多い。教員の動きは小さい方だが、司書はさらに小さい。

何度も述べたとおり、司書は図書館員のなかでも公共図書館員の専門資格に過ぎない。他の館種の職員は別の制度的な根拠のもとでばらばらに職員養成を行っている。その意味で、図書館職の最大の問題は一つの職域を形成していないことにある。職域がばらばらなのでこのような専門職社会学の議論すらしにくいのだ。

2　博物館法と図書館法

3種類ある博物館施設

公共図書館の業務は専門的職員によって実施されるが、そこで行う専門的事務の内容自体が曖昧であり、学歴要件や資格付与のための養成制度を考えるとさほどの専門性が考慮されていないと述べてきた。また、公共図書館以外の図書館職員の資格要件も基本的に司書に準ずるものと考えられているのではないかとも述べた。このことを、司書とよく似た条件で戦後出発した博物館学芸員と比較しながら見ておこう。

博物館法は、図書館法ができた翌年の1951年に同じ文部省社会教育局を担当部局として成立した。1949年の社会教育法、1950年の図書館法、1951年の博物館法は社会教育3法と呼ばれて、公民館、図書館、博物館を運営することを通して戦後民主主義に基づく社会教育進展の理念を共有するものと言われている。

博物館法は図書館法とよく似た構造をもっている。最初に博物館の定義があり、そのあとに博物館が行う事業が列挙され、次にそこに置かれる職員とその資格制度が説明される。そのあとに公立博物館と私立博物館についての条項がくる。

だが、2つの法律を詳しくみていると似て非なるところが浮かび上がってくる。博物館には、図

	国・独立行政法人	都道府県	市町村	民法法人	その他	計
登録博物館	—	120	466	277	32	895
相当施設	28	41	138	32	122	361
類似施設	168	240	3,288	145	593	4,434

表5　博物館関連施設の数

書館にはない登録という制度がある。博物館設置のために都道府県あるいは指定都市の教育委員会に備えられた登録原簿に登録することが必要となる。登録のためには、博物館資料、職員、施設において一定の要件を備えている必要があり、それを確認する審査がある。博物館法上の博物館とはこの登録博物館のことである。

また、「博物館に相当する施設」を文部科学大臣ないしは教育委員会が指定することができることが同法で規定されている。これについても審査が必要となっている。さらに、登録博物館および博物館相当施設以外にも博物館に似た施設はたくさんある。文部科学省の統計ではこれを「博物館類似施設」としてカウントしている。

すなわち、博物館および関連する施設には3つの種類がある。それを文部科学省の「社会教育調査」2013年度版から作成した表5で見ておこう。登録博物館は1000館に満たない数であり、相当施設も数は少ない。しかしながら類似施設の数はきわめて多い。とくに、市町村が設置する類似施設の数が多いことが分かる。これは歴史資料館や民俗資料館と呼ばれるものが主であり、登録博物館や相当施設の基準に達しない小規模な施設が圧倒的に多いことを示している。

図書館の館種と博物館の館種

規模の問題をおいておいて、図書館との違いについて戻れば、図書館は国立国会図書館や大学図書館、学校図書館、専門図書館が設置根拠などの違いから、別のものとして扱われていた。博物館法ではその意味では、相当施設、類似施設という概念を用いながら、博物館を広く社会教育施設ないし生涯学習施設の範疇にまとめているところが、図書館法との相違点である。登録可能なのは地方自治体と民法法人および宗教法人に限られるが、相当施設や類似施設の場合、設置機関に制限がない。国立博物館も株式会社も任意団体も対象になる。文部科学省社会教育局が類似施設までを含めて統計をつくっていることから分かるように、これらすべてが博物館関連施設なのだ。

博物館は文部科学省社会教育局の基本的な管轄下にあって、その意味で同じ土俵に立っていると言えるのに対して、図書館はそうではない。それ自体はささいなことのように思われるかもしれないが、さまざまな影響をもつことになる。

博物館にも館種という概念がある。そもそも、博物館という言葉を使うと、古文書とか民俗用具、考古的な出土品が並んでいたり、動植物や鉱物の標本が並んでいたりするところを思い浮かべるかもしれない。だが、さまざまなアート展示が話題を呼ぶ美術館も博物館の一つだし、さらには、動物園、植物園、水族館といった施設も博物館のカテゴリに入る。

これら博物館の下位カテゴリを博物館の館種と呼んでいる。その分け方には必ずしも標準的なものがあるわけではないが、文部科学省は9種類を挙げている。総合博物館、科学博物館、歴史博物館、美術館、野外博物館、動物園、植物園、動植物園、水族館である。総合博物館と野外博物館を除くと、扱っている主題とそれに対応した資料の違いによる分類と理解することができる。

これ以外にも、博物館の分類として、民族博物館、産業博物館、郷土博物館を挙げたり、美術館・水族館に並べるかたちで歴史館、考古館、文学館、科学館と言ってみたり、設置者・設置場所によって企業博物館や学校博物館、大学博物館を挙げたり、利用対象によって児童博物館を挙げたりというように分類の基準自体が多様ではあるが、ひとまず、文科省の分類に従うことにする。

図書館と博物館の業務の違い

図書館と博物館は行うべき業務がそれぞれの法の第3条で列挙されている。ところが、図書館法では「図書館奉仕のための事項」という言葉が使われ、博物館法では「目的を達するための事業」という言葉が使われているところも違っている。この違いがなぜ生じるのか知るには、それぞれの第2条の目的を見る必要がある。

図書館法の図書館は「図書、記録その他必要な資料を収集し、整理し、保存して、一般公衆の利用に供し、その教養、調査研究、レクリエーション等に資することを目的とする施設」となっている。それに対して、博物館法の博物館は「歴史、芸術、民俗、産業、自然科学等に関する資料を収集し、保管し、展示して教育的配慮の下に一般公衆の利用に供し、その教養、調査研究、レクリエーション等に資するために必要な事業を行い、あわせてこれらの資料に関する調査研究をすることを目的とする機関」となっている。

扱う資料自体は異なるし、その扱い方も少し異なるが、「一般公衆の利用に供し、その教養、調査研究、レクリエーション等に資する」というところまではよく似ている。問題はその先で、図書館は資料を収集、整理、保存し利用に供するのが仕事であるので、これが図書館奉仕ということになる。これに対して、博物館はそこまでを事業という言葉でくくり、さらに、「資料に関する調査研究をする」ことを行うという点が加わっている。

博物館と図書館が扱う業務は、それぞれの法の第3条1項で列挙されている。資料の取り扱いからはじまり、それを利用して解説や相談、展示といった業務を行い、併せて、地域において他の機関と協力しながら教育ないし文化的な向上をはかる項目が挙げられている。違う点は、博物館法には調査研究が業務として掲げてあることである。

四　博物館資料に関する専門的、技術的な調査研究を行うこと。

五　博物館資料の保管及び展示等に関する技術的研究を行うこと。

調査研究には、博物館資料に関わる調査研究と資料の保管展示に関わる技術的研究の2点がある。なお、2008年の博物館法改正で、図書館法にない「教育的配慮の下に」という表現が加えられ、学芸員になるための必修科目に博物館教育論が新設された。これにも対応して博物館教育を重視する考え方が強まっている。

博物館は単一の職域をもつ

同じ博物館とはいっても、たとえば美術館と動物園とではかなり違った施設である。美術館は美術作品、動物園は動物を収集し（収集・繁殖）、蓄積（飼育）し、展示する。調査研究といっても、美術館は美学や美術史などに依り、動物園は動物学、獣医学などに依る。保管・展示に関する技術的研究というのも、美術品の管理においては保管場所、湿度・温度管理、展示空間における作品の配置やセキュリティが問われ、動物園ではそれぞれの種に応じた飼育環境や展示における観客との距離といった専門的な検討が必要になる。扱っている資料、扱い方、展示の仕方、解説の仕方、依って立つ学術的な背景はまったく異なっているわけだ。

しかしながら、職員が調査研究をもとに、資料を集め、保管・展示・解説し、それによって、最終的には法が目的としている「（一般公衆の）教養、調査研究、レクリエーション等に資する」という目的にかなうことになるという点では共通している。登録博物館はそれを中心的に担うが、相当施設、類似施設であっても、このような博物館法の規定を多かれ少なかれ意識しながら運営していることになる。このように、図書館が館種で分断されているのと比べれば、博物館は一元的な機関だと言える。先ほどの表現を使えば単一の職域をもつので、職業の社会学の議論をしやすいといえる。

3　資格と養成

学芸員の養成

博物館の専門的職員を学芸員という。なぜ学芸員というのかについてであるが、「学芸」は学術（あるいは学問）と芸術を併せた用語であるという説明や、リベラルアーツを自由学芸と訳したときの学芸から来ているという説明が行われる。また、戦後の高等教育改革でリベラルアーツをベースにした一般教養を学ぶところを学芸学部と呼んだことから、地域において市民の教養の向上を担う人という意味合いもあったと考えられる。

博物館法には、「学芸員は、博物館資料の収集、保管、展示及び調査研究その他これと関連する事業についての専門的事項をつかさどる」とある。先の博物館の業務のなかで専門的な部分を担当する職員が学芸員である。先ほど学芸員の養成は教員、司書とともに戦後の開放制の考え方のもとで大学に設置されたと述べた。現在もそれは変わっておらず、養成は広く全国の大学で行われている。司書との違いは、司書は短期大学卒で資格が取得可能であるのに対して、学芸員の養成は基本的に学士を出す四年制の大学で行っていることである。

文部科学省の調査によると、司書養成は全国で１５８の四年制大学、58の短期大学で行っているのに対して、学芸員養成は四年制大学が２９１校、短期大学は９校で行っている。短期大学卒でも学芸員資格をとれるのだが、大学での博物館の科目を履修した上で、卒業後3年以上学芸員補として博物館で働くことによって取得できる。短期大学で、司書科目と学芸員科目を開設しているところにこれだけの差があるのはそのためである。

司書と学芸員の養成課程の違い

法に定めた司書科目と学芸員科目は似た構造をもっている。「生涯学習概論」という科目は両方に共通であり、あとは、それぞれの領域の概論科目、経営論、資料論があり、それ以外にそれぞれの館の資料の扱いやサービスに関わる科目がある。違う点としては、学芸員科目については「博物館実習」3単位が必修となっているのに対して、司書科目は「図書館実習」1単位が選択科目となっていることがある。

この違いは大きい。文科省は博物館実習について学内実習と館園実習に分けて、学内実習として大学内で見学や博物館実務、現場での館園実習の指導などを最低60時間以上行った上で、10日間程度の館園実習を行うように指導している。これは、大学にとっても博物館の現場にとってもかなりの負担になっていると言われる。それに対して、図書館実習は1単位だし、開講するかどうかは大学の自由だ。

違いがどこから来るのかははっきりしないが、これまで見てきた考え方を延長して考えてみると、図書館は実務的・定型的な業務に関わる部分が大きく、それは演習等も含めて大学の通常の科目のなかでこなせると考えられているのに対して、博物館はそれに加えて、調査研究業務があることで現場でしか学べないことが多いと考えられているのではないか。これは、教員養成について、教育現場での経験を重視した教育実習が義務づけられているのと同様である。

学芸員は調査研究という業務をもち、主題的な専門性が重要な要因になっている。事実、数少ない都道府県や政令都市の学芸員職の採用においては、設置されている博物館の館種に対応して、さらに美術とか歴史・考古とか、生物学・生命科学といったように主題分野に分けての募集になっているところが多い。そして、そういうところの採用枠では実質的に大学院修了の専門家が採用されることが一般的になっている。学芸員は実質的に研究職であり、大学教員への転職もふつうにある。

それに対して、司書職は事務職であることが前提となっているので、採用に主題専門的な知識が問われることがない。図書館から大学への転職もあるが、それは司書養成課程の教員になるものであり、必ずしも研究者となるわけではない。供給過多の司書養成状況に寄り添っている存在である。

司書と学芸員養成の共通の悩み

このような違いもある司書と学芸員の養成状況であるが、共通の悩みをかかえている。全国で年間に大学で養成される司書と学芸員の資格保有者数はどちらも8000人から9000人程度と言われるが、卒業してそのまま図書館や博物館の現場で司書、学芸員の正規職員として採用されるものはきわめて少ない。合わせても100人に満たないとも言われている。都道府県や政令指定都市の施設は司書、学芸員職の採用枠がある場合が少なくないが、その少ない枠に多数の希望者が集まる状況があるから、採用されるのは容易ではない。それ以外の採用枠は有期雇用契約の非常勤職員であったり、指定管理やＰＦＩ、業務委託であったりというように民間企業が請け負う場合も少なくない。その場合の雇用条件が必ずしもよくないことも知られている。

このように雇用条件が厳しいのは、先に見たように、開放制の専門資格として多数の有資格者を輩出しながら、現場の有資格者に対する需要は小さいからである。需要に対して供給が大きすぎるのである。これが教員資格だと資格取得者は毎年10万人を超えるが、公立学校の教員採用選考試験の合格者数が３万人を超し、教員としての就職者数だけで１万５０００人ほどはある。

全国に配置された学校で教職資格をもつ教員の配置が法的に義務付けられているために、それなりの需要があるものとの違いである。教員の場合、有資格者数や就職者数について文部科学省は調査をして公表しているが、司書や学芸員についてはそれが行われていないので、正確な数字が得られていない。本章の冒頭でみた専門職のパワーバランスで、教員に関しては一時的に国家・政府にシフトしたがその後市場のほうに戻されたと述べた。それでも教員に関しては国がこの労働市場の構造に大きな影響力をもっているのに対して、司書、学芸員はそうではないことがわかる。

そのため、大学における司書および学芸員の養成教育課程は、多くの場合、結果的に、図書館ないし博物館に関する知識を提供することにより、それらの機関の理解者を育成するための教育を行っているのに過ぎないことになる。これ自体は悪いことではないが、法に基づいている資格の趣旨が生かされていない状況にあることは確かである。

図書館員が分断された職域に置かれたことは、パワーポリティクスの考え方から言えば、図書館職を専門職化するための力が十分に結集されないままに現在に至っているということになる。しかしながら、図書館員がそうした職の問題に無関心だったわけではない。そこには、第4章、第5章で見てきたように、日本人が読み書きを通して得られる知にどのように対応してきたかに関わる歴史構造的な問題が立ちはだかっていたと考えられる。

一言でいえば、明治以来の日本人は自らの知の形成において、教育職以外の人の介入を嫌ったということができる。図書館は、一人一人の学び手の自由な学びを保証する機関であるが、そうしたものの必要性を認めないままに近代化を進めてきたのである。また、学校教育による日本型の知の枠組みをはめることで、情報リテラシーをもち自律的な市民の育成を阻んできたために、図書館のような情報リテラシーを促す作用をもつ機関の必要性は自明のものとはされなかった。

だが、そうした知の形成のパワーポリティクス構造は変化しようとしているようだ。これを近年の教育改革の議論のなかに見ておこう。そこには、西欧型の知の形成作用がしだいに浸透する様子が見られると同時に、強固に従来型の知の構造を守ろうという力が働いている様を見てとることができる。

第8章　大学入試改革と学習方法・カリキュラム

1　近づいている大学入試改革

選抜と学び方の大改革

２０２０年に大学入試について大きな改革が予定されている。それに併せて、２０１８年には学習指導要領の改訂を行うことになっている。教育界のこの２つの話題を巡って大きな議論がわき起こっている。それはとくに大学入試が、従来のものとはだいぶ異なった考えに基づくものに変わるからで、それは当然、初等教育、中等教育の教育方法、教育課程にも大きな影響を及ぼすことになるからだ。

予定されていることは、大きく言えば従来のペーパーテストによる一発型で知識暗記型の入試から、受験者の能力を総合的に評価する選考への変化である。そのために、書類や面接で能力や個性、意欲を評価するAO（アドミッションオフィス）入試や推薦入試を大きな柱にすることである。現在でも行われているわけだが、最終的には全大学入学定員の過半数をこれに移行させると言われている。

当面は、入試をやる場合でも従来の大学入試センター試験は廃止され、「大学入学共通テスト」が導入されるとしている。これは、単に学力測定のためにテストの方法を変えるだけのものではない。これまでの大学入試が知識の暗記に基づくものに偏りがちで、思考力や判断力、表現力を正当に評価していないという認識から、本当の学力を十分に評価するためのものとして提案されている。学力の定義そのものの変更になるのだ。

入学試験は、この共通テストと、後述するアドミッションポリシーに基づくさまざまな評価方法を大学・学部ごとに組み合わせて、受験者の学力を多面的・総合的に評価するものへと変化させることになっている。これにより、高校生が大学に入るための教育も、知識の暗記・再現が中心となるペーパーテスト対策から、真の「学力」を育成するための主体的な学びへと変わっていくことが提案されていた。

従来型の選抜方法の特徴は、一定の条件、資格を満たすものに広く開かれ、同じ条件で行われ、評価過程と結果が数値等ではっきりと示されるところにある。つまり、公平性と客観性が目に見えるのに対して、AO入試や推薦入試はその原則をあえて否定して、違った原理で評価を行うものである。また、各大学で行うものもそれぞれの方針によって違う能力を評価しようというものである。

だからこそ一斉テストとして行う従来型のテストを残して、公平性、客観性を担保したいという考え方が主張されるのは当然かもしれない。

これは「言うは易く行うは難し」の典型である。なぜなら、日本で従来から行われていた試験の方法を大きく変えるということを意味するからである。遡れば、中国の科挙とまでは言わないにしても、明治以降に時間をかけて形成されてきた社会的選抜の仕組みに大胆にメスを入れることであり、一朝一夕に変えることはできない。というのは、高等教育の選抜方法は社会的エリート層をどのように形成するかに関わる、国民的な関心を集める事柄だからだが、同時に、今回提案されているものが学び方そのものを大きく変えようというものであり、さらに広範な影響力をもつものだからである。

大学入学共通テストの実施について、思考力や表現力をみるためにマークシート式問題に加え、新たに記述式問題を採用するとされていた。これが２０１６年春の検討の段階で、記述式は当面国語と数学での実施にとどまり、当初は記述させる文字数も40－80字程度の短文式とし、２０２４年度以降に数百字に増やす、得点は段階別表示にする、という案になった。さらに、２０１６年夏になると、記述式試験の採点は受験する大学が行うという案が出ている。また、英語の試験はグローバライゼーションの動きを受けて、読み書きだけでなく話す聞くも含むことになり、２０１７年には、民間で行われている英語試験（ＴＯＥＩＣなど）を併用し、将来的には民間試験に移行することが決定した。

このように、この試験が揺れていること自体が、日本の教育が今大きな転換点にあることを示しているのである。

入試改革が与える影響

教育の問題は国民全体が関心をもつテーマである。それも先行世代にとっては自らが学んだときと異なる評価軸であるから、大学入試で問われることに対してどうしても不安になることは否めない。日本的な学習方法が優れていることは、先に見たように、ＯＥＣＤのＰＩＳＡ調査で日本が世界でも高位の成績を収めていることに典型的に現れているのであって、これを変更することで、そのような成果の蓄積が崩れてしまうのではないかという意見は根強く存在している。

大学入試の変更は高等教育だけの問題ではなく、初等中等教育の学び方にも関わってくる。いや、むしろ小中高の学びを変えるから、その最後の仕上げに大学入試を変えようとしているというべきであろう。

学校の教育課程の基準となる学習指導要領では、１９８９年版ですでに個性重視の新学力観と呼ばれる新しい考え方が出されている。個々の学習者の知識や理解よりも、関心・意欲・態度を重視するもので、その後ゆとり教育と呼ばれたものの先駆けとなっている。

１９９８年版の学習指導要領改訂（２００２年実施）では、完全学校週５日制が始まったこともあって総学習時間を減らす一方、「総合的な学習の時間」を新設した。最終的に、基礎・基本を確実に身につけさせ、「いかに社会が変化しようと、自分で課題を見つけ、自ら学び、自ら考え、主体的に判断し、行動し、よりよく問題を解決する資質や能力」などの「生きる力」を身につけさせることで、生涯学習社会への移行を促すというものであった。ここから今回の入試改革に至る道が敷かれ始めたと言える。だが、これは、学力低下につながるとして「ゆとり教育」というレッテルを貼られて強く批判された。

２００８年、２００９年の指導要領改訂ではその批判を受けて全面的な改訂を行うというポーズをとったが、最終的には「ゆとり」か「詰め込み」かではなく「生きる力」をはぐくむ教育とし、基礎的な知識や技能の習得と思考力、判断力、表現力の育成を強調するものにした。授業時間数を増やすことも行われたが、実際には新しく実施に向けて踏み出した学習法を維持するもので、ゆとり教育との批判をかわすものであったことは確かである。

このように、学校現場では学習指導要領の指示の下で、すでに20年以上も新学力観に基づく教育が行われている。21世紀になってからは、生涯学習社会における生きる力を育てる学習の場の創設というキャッチフレーズの下で、徐々に、従来型の学習法から新しい学習法への変化を模索してきた。

従来型の学びから派生的に形成されてきたものに、教育産業と呼ばれる予備校や学習塾のような学校外での学びの場がある。教育産業全体の市場規模は２０１４年で２兆５０００億円で、そのうち予備校・塾の業界だけで１兆円近い売り上げがあったと言われている。少子化で市場規模が縮小しているところではあるが、大学受験に向けた学びの方法が大きく変わるとすれば、無関心ではいられないだろう。

また、教育産業の一つである教科書出版社にとっても、今後のカリキュラムや学習方法がどうなるのかはきわめて重要になる。教科書検定制度に守られてきたが、それも含めて今後どうなるのか。学習方法が知識中心のものではなく一人一人が自分の考えを表現することを目的とするものに変わるとき、習得すべき知識の基準として一人一人が所有する教科書がそのままというわけにはいかない。アメリカなどは、分厚いハードカバーの教科書を使っていて基本的に学校備え付けであるように、教科書のあり方もカリキュラムや学習方法と密接な関係にある。

新しい学習法

それでは、新しい学習観に基づく新しい学習法とは何であり、どのように浸透してきたのだろうか。実際のところ、これが大きな変化をもたらしたのかと言えば、それほどではなかったという他ない。確かに、総合的な学習の時間が設けられ、ここで幾分かの探究的な学習や表現力を向上させる学習を行ってきた。けれども、これはその授業のみにとどまり、他の授業に波及することはあまりなかった。

また、実技系の科目は当然のこと、理科における実験や観察、社会科における地域調査や史料の読解など学校内外の施設や教材を使用しての学習は通常の教育課程に組み込まれている。だが、これらにしても実験や観察の結果、調査や読解の結果は先に設定されている。学習方法に重点が置かれるのではなく、そこから得られる結果が重要であるという意味での、正解主義が支配している。なぜこうなるかと言えば、やはり上級学校への進学において、ペーパーテストで選抜することが中心になっているからである。教科書で表現されるような学習内容を一通り学ぶことが要求されていれば、問いを立て自分で調査したり実験したりして自分で解決するような学習はどうしても隅に追いやられてしまう。まして、他人の意見を聴きながら自分の考えを主張するような討論型の授業などは公民とか学級活動のような場ではあっても、正解が先に用意されている知識獲得型の科目では難しいことになる。

なお、それでも課題を見つけ、学び、考え、判断・行動し、よりよく問題を解決する資質や能力をはぐくもうとする方向に向かっていることは確かである。これはアクティブ・ラーニングと呼ばれており、教育関係者のあいだでは、「主体的な学び」、「対話的な学び」、「深い学び」を合言葉にして、新しい学習方法を実践するためのさまざまな方法を導入することが検討されている。

しかしながら、これが流行のように議論されている風潮があることについては、疑問なしとはしない。すでに以前から、批判的思考や言語活動の充実、あるいは言語スキルや思考スキルの習得といったことを掲げて、学校関係者のあいだでは実践されてきた蓄積があるからだ。とくに、学校図書館をそうした実践の場として活かそうという試みもいくつもあった。桑田てるみ編著『思考力の鍛え方』（桑田 2010）はそれをできるだけ具体的に紹介しようとしている優れた著作である。

アクティブ・ラーニングの一つに調べ学習あるいは探究型学習と呼ばれるものがある。課題解決学習と呼ばれる場合もある。学習者が自らの調査研究課題を設定して、それを解決するために文献調査や聴き取り調査、観察、アンケート調査などを組み合わせてまとめ、論文にしたり、口頭発表したりするものだ。

学校を挙げてこうした学習をカリキュラムに組み込んだ例として、東京大学附属中等教育学校は、1年、2年では全員が総合学習入門という授業を受け、年度ごとに共通のテーマに基づいて教科横断的な学びを行う。3年、4年では課題別学習として、調査法や文献の調べ方などで調査の方法的なものを意識した学びを行う。そして5年、6年で卒業研究として、各自が自分のテーマを設定して論文をまとめ、発表会を行い、文化祭では研究の成果をパネル展示し代表が口頭報告する（東京大学教育学部附属中等教育学校 2005）。

このような発展的な探究型学習の成果として児童生徒による論文が多数書かれている。1997年に最初の「図書館を使った調べる学習コンクール」（図書館振興財団）が開催されて20年になる。2016年には7万7000点の応募があった。私立大学の附属高校のように、進学においてペーパーテストによる選抜がないような学校の場合には、かなり自由なカリキュラムと教育方法を採用しやすいが、そうでない公立学校や国立学校でもこうした学習方法が行われ始めている。新しい入試制度と指導要領改訂を先取りしてきたものと言える（根本 2012）。

アクティブ・ラーニングの議論のなかにそうした学校で行われてきた実践の蓄積についての言及

があまり見られないのはどうしてだろうか。

大学への影響

大学入学共通テストの導入によって影響を受けるところとして、もう一つ、大学そのものがある。大学ではもちろん入試の担当者に影響するわけだが、それにとどまらない。大学自体のカリキュラム、学習方法の変更が要請されるはずである。というのは、入試改革によって高校までのカリキュラムと学習方法が変化するなら、大学もそういった修了者を受けいれるカリキュラムと学習方法になっているかが問われることになるからだ。

新しい大学入試の提案では、大学入学共通テストに加えて、各大学・学部が実施する試験とが組み合わされる。大学で実施する試験のために、学部あるいはその下の学科や専攻単位で3つのポリシーを明確にすることが求められている。それは、ディプロマ（学修評価）、カリキュラム（教育課程）、アドミッション（受け入れ選考）の3つのポリシーである。これらは相互に密接な関係にある。

ディプロマポリシーは、当該分野で学習した成果をどのように評価すれば修了となるかを記述して、学習者に学ぶ目標を与えるものであり、カリキュラムポリシーは、その教育課程を具体的に定めてそのための学修内容、学習方法を示すものである。そして、アドミッションポリシーは、そうした学習に入るためにはどのような能力をもっている必要があるかを記述し、受け入れる学生に求める高校までの学習成果目標を示すものである。大学の教育課程に学習指導要領はないが、自らがこのように明文化して受験生に提示することが求められている。

これまで大学は、研究の場でもあるので、学習者自らが問題解決を行う場であることが前提となっていた。だからこそ、高校までに培われた能力が大学で通用するかを問うことができる。だが実際には、高校までの学習ではそのために必要な調査能力や情報リテラシーが身についてはいない。また、大学自体、大講義室での一斉授業と最後のペーパーテストを基本とする授業が中心になっているとすれば、それ自体が変わらなくてはならない。大学教員は教員としての訓練を受けていない人たちであるから、教育者としての自覚を促す必要がある。

2　欧米の学校における学び

パックンの見た日本の学校

日本の入試改革のモデルはやはりアメリカにある。とくに大学についてはアメリカが絶対的な基準になっているので、それに合わせて入試制度も取り入れられたと考えられる。だが、初等中等教育の教育方法についても、戦後一貫して日本型とアメリカ型をめぐる議論が続いていたことも広く知られている。

戦後教育には占領軍の指示が重要な役割を果たした。この時期に採用されたのは、アメリカの影響を強く受けた、学校の裁量の余地が大きい教育課程で、自由研究のように学習者の自発性を重視する時間が設けられた。これは経験主義教育と言われている。けれども、占領が終わると自由研究は廃止され、系統型と言われる、教科を明確にして学ぶ内容をはっきりさせるカリキュラムが支配的になり、それは今日に至るまで続いている。

それでは、アメリカの初等中等学校で行われている学びが日本の学校の学びとどう違うのかについて見ておこう。アメリカの学校といっても公立か私立か、公立でも都市部か郊外か農村部かでも違うところがあるが、教え方学び方に日本のものとはかなり異なったものが見られる。

具体的に見ておこう。パックンことパトリック・ハーラン氏は日本でお笑いタレントとして活躍しているが、アメリカで教育を受けて、大学卒業後に来日した人である。英会話学校教師などをした後にタレントになり、また、日本の大学でコミュニケーション論などを教えている。そういう彼が、日米の教育の違いについて端的に発言している（「子どもの「思考力」を伸ばすために、親ができること～パトリック・ハーランさん」朝日新聞DIGITAL ２０１６年９月５日　http://www.asahi.com/and_w/information/SDI2016082657651.html）。

（日本の学校で）以前、授業参観に行って驚いたのが、「私語禁止」が徹底されていること。「後ろのロッカーから道具をとってきて」と先生が言いますよね。取りに行く間に、子ども同士で自然と会話が生じる。すると「誰がしゃべれって言った」と先生が注意するわけです。僕としては「私語禁止」を禁止にしたい。作業さえしていればしゃべってもいいはずです。

しゃべる場面が少ないから、しゃべる技術が身につかない。議論が生まれない。討論ができない。問題提起ができない。指摘されても反論ができない。それ以前にまず「質問すること」が苦手な人が多いですよね。コミュニケーションを仕事にしている僕らの業界でさえ、それが下手な人が山ほどいる。

（アメリカの学校では）日本と比べて授業がインタラクティブ（双方向）です。日本では、コロンブスは何年にアメリカを発見したこういう人で……っていう説明から入りますが、僕が受けた授業は、「コロンブスって誰？」っていう質問から考えさせ、生徒たちの言葉を引き出していくことから始まった。どんな人かという「情報」より、自分で考えて発言し、さらにそれに返してくる先生との「やりとり」そのものが大事だし、記憶に残る。考えながら、思考力を高めていくんです。しかもただ知識を出力するだけでなく、そこにオリジナリティを加えることが、中高生の頃から求められる。

たとえば動物についてのレポートを書くとします。「象はどこの国にいて、平均体重がいくらで、絶滅の危機にいる」という情報だけならウィキペディアを開けばいい。それが評価されるのは小学生まで。「象の皮膚ってどうなっているんだろう？　カバやサイと同じような厚さなのか？」

「絶滅から救うにはどうしたらいいのか?」など、中学生以降は独自の視線で新しいものを生み出すことが評価されます。18、19世紀は知識が大事だったかもしれないけど、21世紀のいま大切なのは、思考力、アイディア力、コミュニケーション能力です。スマホをポケットから出せば、その中にいくらでも知識は入っているのだから。

いかがだろうか。彼が言っていることは、要するに、知識は機器からとりだせるのだから、授業はむしろ既成の知識を基に考え、相互にコミュニケーションする能力をみがくことだということである。授業の場が言葉のやりとりの過程であり、質問から始まって考えさせ、そこに自分なりの新しいアイディアを加えることで学習過程が成り立っている。そしてそれが、大学での研究を志向する学習過程と同質のものであり、さらには、現代の情報社会でのコミュニケーション力を基にした「生きる力」につながることまでもが示唆されている。

日米の学校教育の違い

アメリカには、連邦教育省にも州教育庁にも、日本の文科省のように学習指導要領を一律に上から決めるような権限は存在しない。地域的な学校行政の単位である学校区がそれにあたるが、教育課程は個々の教師に委ねられているといってよい。とはいえ、教える方法や子どもとの関係の取り方には全米で共通したものがある。

ここでのキーワードは、「個人」「相互性」「批判的思考」の3つである。

第一に個人単位の学びを重視するということである。教科書を使った一斉授業で全員が同じものを学ぶようなものではなく、ひとりひとりの学習者が授業に参加し学びとった結果はそれぞれのものだという考え方が強い。だから、教育課程においては何かの課題を自分のペースでこなし、試験をする場合でも記述式、論述式で行われる。

第二に、授業は双方向的に行われる。そこでは、教師は問いを発し、それに学習者は自由に発言し、さらに教師は問いを重ねるというようなやりとりが重視される。議論が重視されるという言い方がされることもあるが、自分の意見をもって議論するというのは、ある程度の年齢になってからであり、低学年のうちはその準備過程として学習者は常に話し言葉を発することが要求されている。

第三に、こうした個人ベースで言葉によって双方向的に行われる教育課程においては、教師は常に質問の形で新しいことを考えることを要求し、学習者は他者と違うことを考え、それを口に出すことが求められることになる。これは決して正解に行き着くためのものではなく、学習者自身が新たな問いをもつことに結びつく。このやりとりによって身につくのが、批判的思考と呼ばれるものである。これは、一見すると質問、疑問の形で終わってしまうように思われるかもしれないが、教育課程にはそれを自分で解決することも含まれる。だから、宿題はそれぞれの疑問を解決するための調査型のものが多い。

日本への適用の有効性

こういう議論を行う際に、日本の論者のなかには、アメリカ型の教育が日本のこれまでの学習風土に必ずしもあっているという保証はないのだから、無理にそれを導入する必要はないという批判が存在する。また、先ほど見たように、PISAにおいて日本は国際的に最高位の成績をとっているのに、PISA2015で参加72カ国中、数学的リテラシー40位、読解力24位、科学的リテラシー24位と決して順位は高くなかったアメリカの教育法に追随するのかという疑問の声もある。さらに、アメリカの学校教育は社会的エリート層の育成法には有効だが、下層の人たちには必ずしもあてはまらず、かえって格差を拡大する働きをしているのではないかという指摘もある。

これらはいずれも一理ある指摘ではある。ここでの議論のポイントは3つである。一つは学習方法に文化的伝統に根ざした部分があることは確かである。しかしながらそれが有効でない部分があるときにそれを修正する努力をするのは当然のことであり、これまでもそうやって徐々に修正しながらさまざまな制度的改革をしてきたのではないか。今回の改革はこれまでの教育改革に比べても戦後改革に匹敵するラジカルさをもつが、戦後の経験があるだけに取り組みやすい部分があるのではないだろうか。

二つ目。PISAに代表されるような学力試験の学力はあくまでも試験で測れるような学力であって、アメリカ型の学力とは測定や評価の視点が違っているということである。だからもし、アメリカ型の学力を測る国際的な学力調査があれば、それはそれでまったく違った結果になるだろう。

PISAを主催しているのはOECD（経済協力開発機構）であり、だからこれが経済開発に役立つ学力を測るために特化したテストであることをもっと認識すべきである。OECD型の学力に必ずしもとらわれる必要はない。学力の定義そのものが変わっていく必要があるのだ。

三つ目の格差拡大論に関しては、必ずしも教育方法の問題ではなくて、新自由主義的な経済政策の問題であるということだ。確かにアメリカ型の学習が個人主義を前提とする新自由主義となじむことは否定できず、結果として、教育が経済格差を拡大する働きをしている可能性は高い。だが、それは教育方法とは別の問題だろう。次に見るようにヨーロッパ諸国が採用している教育方法や選抜に関してもアメリカ型のものと大きな違いはないのだが、福祉国家的な財の再配分の枠組みがあることによって、経済格差が教育機会の格差につながらないような仕掛けを施すことは十分に可能である。

アメリカ、ドイツ、フランスの大学入試と学びの方法

「個人」「相互性」「批判的思考」からなり、教授者が用意した知識を出発点にしてそれを基に考え論理的に表現し、議論する学習の仕方は、最終的には大学入学の際の評価項目になる。よく知られているように、アメリカの大学の入学は1回のペーパーテストで決めるのではなく、応募書類、推薦書、そして場合によっては面接を総合的に勘案して決められる。SATのような共通テストはあるのだが、それは本当の基礎能力をみるものであって、入学が難しい大学の選抜の要件にならない

ことが多い。高校までの成績評価自体が点数によって差別化を図るものではなく、学習課程を総合的に評価するものである。

とくに重視されるのは、自分が行ったボランティア活動などの社会貢献の経験を含めて志望動機を書くエッセイである。人物評価の推薦書でも学習過程で培われた個人の判断力と発言力が示されることになる。このように、能力評価の考え方がまったく違うことに驚かされる。日本の大学生が就職の際に経験する人物重視の評価過程が大学入学の際に行われている。

中等教育の教育課程を大学に接続させるための工夫はヨーロッパにもある。たとえば、ドイツの大学への入学は、中等教育校のギムナジウムの最後の2年間の成績とアビトゥーアと呼ばれる卒業試験の成績で判断される。アビトゥーアは4時間かけて自分の考えを長い論文にまとめ、それを基にプレゼンテーションを行い、さらに質疑応答のやりとりがある。川口マーン恵美によると、学校における学習過程が、そのための討論をし、論文を書き、自分の意見を主張するトレーニングを普段から行うことが中心になっている（川口 2013）。著者はドイツに35年間暮らしている人だが、ドイツと比べて日本の義務教育のレベルが高いこと、またそれに伴って日本人全体のモラルが高いことについては評価したうえで、後期中等教育から高等教育への接続の問題として、日本の大学入試が自分の考えをまとめる訓練の機会になっていないとして批判している。

フランスの大学入試は、バカロレアと呼ばれる国全体でいっせいに行われる入学資格試験である。どの高等教育機関に入るかはこの試験でとる成績が重要であり、そのための受験準備が国民の関心事である。だが、その準備が日本の通常の入試とはかなり違っている。こちらも徹底的に論述させるものなのだ。バカロレアの最初の試験は、受験生全員に必修となっている「哲学」である。その試験は「あらゆる生物を尊重することは倫理的な義務であるか？」「人は自らの過去の所産なのか？」といった問い（２０１６年出題）に対して、やはり４時間かけて書くことだ。日本の大学入試の記述式とか論述式というものと、まったく違うレベルのものであることがわかる。

こうした普遍的な問いに答えるためには、解答者が一定の知識をもつだけでなく、これを論理的に書くためのトレーニングを受けている必要がある。フランスの中等教育には哲学の授業があってそれを行っている。黙って本を読んだり講義を聴いたりするだけで身につくものではなく、論理的に書くためにはどのような思考法をする必要があるかについて学び、それを書くことで実践し、それについて話し合うという過程が必要なのである。こうした徹底的に考えるための授業は哲学を典型にして、ほかの授業でも行われている。

中島さおりによると、中学生の作文の宿題に、「あなたは１９１４年のフランスの子どもです。ドイツとの戦争が始まった日、お父さんの召集が分かりました。その日の日記を書きなさい」という課題が出たという（中島 2016, p. 46）。歴史と国語（作文）にまたがる領域である。これを行うためには、ドイツとの戦争のもつ意味について外部からの知識を取り入れ、それについて家族からの話を聞き議論し、自分の考えをまとめて書くことが要求される。

欧米の学力は書くことで表現される論理的思考力を重視している。読んで書くことがリテラシーであったことをもう一度思い出してほしい。リテラシーとは読むことによって考える習慣が身につき、それによって自分の考えをつくることであった。

日本の大学入試改革は、ここまでの入試改革＝教育方法の改革を視野に入れているのだろうか。パックンが見た、教室を沈黙の秩序が支配している様子は、自分の考えをもつことを避ける日本の教育の結果である。だが他方では、これは学校における基礎学力（＝リテラシー）を保証する基盤になっている。中島も、算数＝数学教育に関してはフランスより日本のやり方のほうが効果が高いと指摘している。しかしながら、言葉による理解と思考、そして表現の領域になると、日本の教育は欧米のやり方にかなり後れをとっていることは明らかだ。

3　情報リテラシーのための図書館

知識を取り出す装置

以上に述べたことを本書の課題に引きつけてみるときに、従来見落とされていたのが、こうした学習方法が、大学以降の知的生活を可能にするための情報リテラシー獲得と密接に関連するものでもあることだ。つまり、学習そしてその評価を可能にするための基本的条件として、知識を提供する仕組みが用意されていることである。パックンの発言の最後に、ポケットに入ったスマホが知識の源になるとあったことを思い出してほしい。これはもちろんネットにつなげて、インターネット上の情報をとってくることを指している。知識源はどこにでもころがっているように見えるのだが、実はそれを使いこなすこと、そしてそれをもとに自分で考え、文章を書き、討論することが重要なのだ。そして学校にも知識を取り出す装置が準備されていることにもっと注目してほしい。ドイツやフランスの学習の場で追求されている、思考を深め自ら表現することにも、書物やネット上にある知識や情報に触れ、それを批判的に摂取するための過程が必要である。

先に触れたように、アメリカの学校では教科書は分厚く教室に置いたままになっている。教科書はそこに含まれている知識を要領よく頭に詰め込むためのツールではなく、授業中に必要に応じて参照する百科事典のようなものだ。そして多面的な知識を取り出す場としてすべての学校に置かれているのが、学校図書館である。ここに参照すべき種々の知識の源としての多種多様な領域をカバーした図書のコレクションが置いてあり、必要に応じて検索できるネット端末やデータベース端末が置かれている。

そして、そうした知識の装置から学習者が必要なものを取り出すことを支援するための学校図書館専門職（学校司書）が配置されている。この専門職は情報リテラシーの知識・技術を駆使して、学習者の疑問質問を図書やネット、データベースに含まれるコンテンツとつなげる役割を果たすわけだ。

アメリカの学校での授業科目数は多くない。だが、少ない科目の一つ一つの授業で、事前の予習として文献や資料を読んでくることが課される。また、宿題としてレポートを書くことが課されるのが普通だが、これも図書館に行ってきちんと文献等を参照してそれをもとに書くことを指導される。だから、決して学び自体の量が少ないわけではない。また、家庭や地域での学習が外部知識の獲得過程に組み込まれていることを示している。図書館はそうした学びを支援するという意味で学習の場に位置づけられている。

学校図書館専門職は情報リテラシー教育に携わる。アメリカの授業は知識の源は教室外にあることが前提で、それを使いながら質問応答することを繰り返して学習者個々の知識の定着と展開をはかる。だから、知識はそれぞれの批判的思考の結果、一時的に得られた仮説にすぎず、決して固定されたものではない。そして、自らの知識が外部の知識装置にあるコンテンツとうまく結びつけられたときに、学習は最高の展開を示す。学校司書はその過程に寄り添い、アドバイスを行う。学習者が情報リテラシー能力を身につける手伝いをするのだ。

図書館が支える情報リテラシー

このようにアメリカの学校教育は、一人一人の学びが図書館を初めとした外的な知的基盤によって支えられていることが特徴である。アメリカの図書館員養成については第6章で述べたように、情報リテラシー獲得の支援に関わるための専門的なトレーニングを受けた専門職として位置づけられている。学校には専門職としての学校司書が配置されている。地域には専任の図書館員が働く公共図書館が設置され、大人も子どもも自由に使って日常的地域的な情報ニーズを満たしている。さらに、大学に行けば大規模な図書館設備があり、図書館員が配置されて学術研究と高等教育の両面での情報リテラシーを支える役割を果たしている。

フランスの中学・高校には、ドキュマンタリスト教員と呼ばれる、日本で言えば司書教諭にあたる教員が専任で配置されている。それらの人たちが学校に設置された図書館（資料情報センター〔CDI〕と呼ばれる）を拠点として、教授者・学習者が学習資料や読書資料を利用するための支援を行う（全国学校図書館協議会フランス学校図書館研究視察団 2012）。日本の司書教諭も設置当初は同じことを期待されていたが、ほとんどは普通の教員の兼務で、そうした図書館での支援業務ができないままに、文科省は学校司書を配置する方向に政策転換した。だが、学校司書が複数校掛け持ちだったり、非常勤職員だったりすることが多いなかで、教育課程に関わる支援業務がどれほどできるのかが問われている。

こうした人的配置を含めた情報基盤に意味があるのは、固定された知識が学びを支えるのではなく、情報リテラシーを媒介に人々の知識への欲求と図書館や外的知識コンテンツがダイナミックに結びつき、新たな知を形成する過程に可能性があるからである。また、そうした過程を展開するためには専門職の配置が欠かせないからでもある。こうした過程への信頼がないところでは、図書館は知的コンテンツが蓄積されている保管場所にしかすぎないことになる。

今後めざすべき人的配置として専任司書教諭を制度化すべきなのか、学校司書の正規職化をめざすべきなのか、議論は多様にありうるだろう。これまでにも、学校図書館の専門職としてしっかりした仕事をしてきた人々の実践の記録が発表されているので、それらをまず読むことから次の議論は始まるだろう（稲垣 1995, 成田 2013）。

第９章　情報リテラシーの回路

1　ふたたび、図書館員のイメージ

図書館員像の原型

図書館員が出てくる日本の映像で印象に残っているのは、向田邦子が脚本を書いたＮＨＫのテレビドラマ「阿修羅のごとく」（演出：和田勉 1979）である。その初めの方に、いしだあゆみ演じる女性司書が髪を後ろに束ねて眼鏡をかけ、あまり化粧気のない顔で図書館のカウンターに座っている場面がある。ありがちな図書館員像だ。当時の図書館自体に対するステレオタイプな見方と対応している。人と接触することの少ない本を守るだけの単調な職務、女性の職場、そして世俗からの乖離といったものである。

のちに出版された原作脚本を改めて読むと、この司書は最初、地味で目立たない独身の女性であったが、家庭内の関係の変化と自身の恋愛体験から徐々にそこから脱して行動する存在へと変わっていく人物として描かれている。阿修羅とはインド神話に出てくる悪神で、仏教においては釈迦によって教化されたあとは八部衆の一人として守護神となった。最初は内に秘められていた邪念と葛藤が自らの新しい経験を通じて自分を変えていくところがみどころの一つである。ドラマは同時期に進行していた図書館運動を象徴しているようにも見える。

スタジオジブリのアニメ「耳をすませば」（原作漫画：柊あおい 1990，監督：近藤喜文 1995）の主な舞台は図書館であり、主人公の少女の父親がそこで司書をしているという設定である。父親は黒縁眼鏡をかけた学究肌の人で、そのあたりは従来の図書館員像を踏襲している。大きく違っているのは、図書館が丘の上にあり、皆が本を借りるために集まる明るい場所として描かれている点である。

物語は、少女が本の帯出者カードにたびたび同じ名前を見つけ、類似の読書傾向をもつ少年の存在を知ることで展開する。この時代にはすでに、借り出した人の名を本に残すという貸し出し方式（ニューアーク式）は行われていなかったことから、図書館はプライバシーを守る機関であることについて無用の誤解を与えるとの批判もあった。だが、本そして図書館が人と人とを結びつける働きをもつことをこれほどはっきりと示す例もない点で、新しい図書館を先取りしているとも言える。ただし、図書館員については明確な像を結んではいない。

『図書館戦争』と「図書館の自由に関する宣言」

20世紀末の公共図書館運動をベースにして、これを架空の物語世界に展開した作品に、『図書館戦争』（原作：有川浩 2006，監督：佐藤信介 2013）がある。メディア良化法という法律が施行されたという時代設定の下に、「図書館の自由」を掲げてこれと闘う図書館員たちを描いた作品である。原作者自身があとがきで、公共図書館に貼ってあった「図書館の自由に関する宣言」のポスターをヒントにして本作を書いたと発言している。宣言には、「われわれはすべての不当な検閲に反対する」「図書館の自由が侵されたとき、われわれは団結して、あくまでも自由を守る」という強い表現が使われていた。

この宣言は、日本図書館協会に集まった図書館員たちが１９５４年に採択したものを１９７９年に改訂して現在に至っている。１９５０年代初め、占領が終わって対日講和条約が結ばれるとともに国内で破壊活動防止法（１９５２）が制定され、戦前の治安維持法の復活ではないかと国民的な議論を呼んだ。これに伴い、図書館員のあいだでは図書館の中立性とは何かが議論された。図書館で日本共産党機関紙『赤旗』を保存することについて警察から圧力がかかったとか、『世界』『平和』といったリベラル系雑誌の予約者の名前を知らせよという警察の調査が入ったといった事例が報告された。この状況に対して、「図書館は資料収集の自由を守る」「資料提供の自由を守る」という原則的立場を確認し、加えて上記の表現を用いて図書館員の強い意思を内外に向けて表明したものである。

１９７０年代以降、図書館の数が増え資料提供活動が活発になるにつれて、図書館員の専門的な業務権限がどの範囲のものなのかが問われる事例が増えていった。それに対応して、1979年に宣言の存在を再確認し、新しい状況に合わせた改訂（「図書館は利用者の秘密を守る」を加えて文言の訂正をした）を行った。これが多くの図書館に貼ってある「図書館の自由に関する宣言1979年改訂」である。図書館協会は、図書館の自由に関する調査委員会を置き、何らかの問題が起こったときに図書館員が調査に出向き、公開の場でさまざまな意見をたたかわせることで解決しようとしてきた。このように主張し行動する図書館員のイメージが小説執筆と映画制作のモチーフになったが、そこでは以前とはまったく異なる、社会状況に対応して行動する図書館員が描かれている。

しかしながら、その図書館員像はあくまでも虚構のものでしかない。実際の図書館は地方教育行政の末端に置かれ、司書職自体の配置がきわめて限定されている状況があった。図書館長は行政畑を廻ってきた事務職員である場合が多いから、こうした宣言が図書館協会から出されていることすら知らないというケースが少なくない。

現行の法解釈からすれば、宣言の効力に一定の限界があることが論じられている。現代社会において、公立図書館が資料を収集管理、保存し、利用に供する役割をもつことは法的にも一定の位置づけがありその検討は進んでいる。地方自治法では「公の施設」と位置づけられ、教育基本法、社会教育法で図書館は社会教育施設とされ、図書館法でその役割が論じられる。著作権法には、図書館での資料の貸し出しや複写が可能なように著作権が制限されることを想定した条項がある。だが、公的に位置づけられた機関であれば、まったく行政から独立に運営されることはありえない。公費の使用は教育委員会や議会の審議の対象になる。公的機関の立場からは、犯罪を助長する内容の図書、差別図書や著作権を侵害する図書、個人の名誉やプライバシーを侵害する図書などについて、一定の条件付きで利用が制限される場合がある。

公的機関がもつどんな働きも、法的な枠組みのなかで利害関係者やユーザーの主張が相互に作用した結果の産物である。図書館員が「図書館の自由」を金科玉条のごとくふりかざす運動の時代は終わりをつげ、法解釈論的な俎上にのる時代になったと言えるだろう（松井 2013）。これは、1960年代以降の図書館運動が一定の成果を生んだことを示す証左とも言える。

そして「天使のいる図書館」

1970年代の静態的な図書館員像からすれば、この間に大きな変化があったことは確かである。2017年春に封切られた映画「天使のいる図書館」（監督：ウエダアツシ）は現在の等身大の図書館員像を描き出そうとしている。奈良県の葛城《かつらぎ》地域にある図書館に、新しく大学を卒業したばかりの女性司書がやってきた。彼女は、初めての仕事に戸惑いながらも日々を過ごしていたが、ある日、図書館にやってきた一人の老婦人の探し物を手伝うことから、物語が展開する。地域をめぐり人々と触れ合うことで地元の良さや歴史を知り、成長していくというものである。

この映画の冒頭で、主人公は対人コミュニケーションに不器用であることがコミカルに描かれていて笑いをさそう。本来、レファレンスサービス担当の司書は、利用者とのやりとりを通して利用者の潜在的なものを含めた情報要求を確認し、それを適切に資料に結びつけることができる能力をもつことが前提になっているから、この設定はいかにも不自然だ。ただ、この不自然さは物語の展開上必要なものであったようで、訪ねて来た婦人の昔の想い出が詰まった写真を見てすぐさまそれがどこであるかを当てたり、一緒に探しに行って見聞きしたものを図書館資料で確認したりというように、通常のレファレンスサービス概念を拡張させながら物語は進行していく。

この映画は、図書館にある地図や古い新聞記事を参照し、やや誇張されたレファレンスサービスを通してキーになる昔の写真を解読することで、50年前に叶わなかった恋愛関係にあった二人が再度出会うきっかけをつくるというものである。図書館がもつ、異なった時空にある人間どうしを結びつける役割がうまく表現されている小品だった。

そう、この映画では、インターネットの世界に入ると過剰に押しつけられるメッセージ、度を越して結びつきを強いるネットワーク、そしていつの間にかとりこまれてしまう情報コミュニティと対極にあるものがテーマになっている。図書館は、地域やコミュニティのなかに自然に存立し、適度に人々が集まって、また去って行く場所になっている。人と人とが対面でやりとりするための場として図書館が選ばれている。こういう環境のもとでしか本当の情報リテラシーは学べないのではないか。この主人公がキューピッド役を果たしたように。

2　リテラシー、情報リテラシー、高次リテラシー

学びのあり方

子どもたちが基本的なリテラシー能力をもちながらも、十分な情報リテラシーを身につけるにいたらなかった日本の学びのありようと文化史的背景について述べてきた。学びの問題として、明治以降、教育制度が殖産興業あるいは産業立国のための国家的な課題として位置づけられたことで、個々の学び手にとって立身出世の階段を上るための手段とされたことが挙げられる。実学的な学びが中心になり、倫理道徳的な部分も含めて学びの内容と方法が政府によって統制されていた。学びの目的も手段も狭く、自由な学びを阻んでいた。戦後の占領下で一時的に自由な学びが可能になっても、まもなく元にもどっていった。文部省が学習指導要領というかたちで全体をコントロールする状況は現在まで続き、それに基づく学びのスタイルが維持されてきたと言える。

このスタイルが日本に伝統的に存在していたというとらえ方は、必ずしも正しくないことも見てきた。江戸期の庶民の学びは従来考えられていたよりも豊かで多様であり、その生活世界ではさまざまな本が読まれ、また、その読み方は自由であった。本を共同で所有して相互に利用し合ったり、個人蔵書を貸し出したりすることも盛んに行われていた。

だが、江戸期に培われた声に出して本を読むことや、集団で本を読んで互いに教え合いまた議論

することは脇に押しやられ、明治以降現在に至るまで、表面的には本を読むのは個人を単位とし、黙読が習慣化されることになった。読書は、著者の言葉である文字に対峙して精神を研ぎ澄ましてこれを読み取ることによって、自分を錬磨するトレーニングの場であるという思想が支配した。これは学びの態度とも対応する。学びの目標が与えられ、それを受け取ることで知識が獲得できる。知識は既定のものであり、試験はそれが得られているかどうかを確認するものである。こうした考えが日本人の精神構造の深いところまで支配してきたのである。

今、大学入試改革およびそれに伴う学びの方法の変更が検討されている。ここで求められているのは、それとは異なる知識観に基づくものである。それは一言で言えば、知識は、すでにある言葉を素材にして他者とのコミュニケーションによって自ら批判的に身につけていくものであるという思想である。だから、試験は既成の知識が身についているかを確認するのではなく、自ら知識をつくりだしていけるかどうかの能力を問うものになるはずである。

知識獲得のための情報リテラシー

文字を読み書きする能力であるリテラシーは、人に学びを可能にするための基盤をつくりだす。読書は著者との対話でありまた自分との対話である。著者と自分のあいだに相互作用の場をつくりだすことが読書の最大の意義であり、この場が自分を無限の方向に発展させる基になる。本を読みながら考える行為の積み重ねが批判的思考を可能にする反省的自己をつくりだす。これは社会との関係で主体的に行動するためにも、他者と議論しコミュニケーションを行い協調しながらコミュニティを形成していくためにも必要なものである。反省的自己を形成するというのはリテラシーの目標であり、それができたことで大人の仲間入りができたとみなされる。だから、これからの教育の目標ともなるし、教育評価の指標ともなる。入学試験でもその能力が問われることになる。

次に求められるのは、リテラシーを知識情報社会において活用するための条件である。自己を形成するためのリテラシーは本を読むことを前提として規定されていた。これが基盤であることには変わりない。人間が言葉を介して思考を形成してきたとすれば、文字が書かれたメディアの役割が大きいからである。しかしながら問題はその後である。文字情報が本や新聞・雑誌にとどまらず大量に発生し流通し、音声、画像、動画による情報もまた氾濫する社会状況のなかで、本を読むという行為が脇に置かれることになった。圧倒的に大量に送り込まれてくる情報に対峙することが最優先にされがちだからである。

情報リテラシーはこうした状況において個々人が生きていくためにもつべき能力である。自分で今使うべき情報の大枠を把握し、評価しながらそれを活用するための自分なりの内的基準をつくることが必要なのだ。それは学びのなかに、情報を収集し、分析し、構成し、表現する情報リテラシーの要素を組み込むことで成立する。教育課程が情報リテラシーを生かしながら各自の学びをつくっていくものに変化することで、大学での学びへと自然につながっていく。そして、これを可能にするためには常に情報にアクセスするための環境を用意しておくとともに、印刷物もデジタルのものも含めて提供することを可能にする場である図書館を整備し、利用者がそれを用いることを支援する図書館員を配置しておくことが必要である。

情報リテラシーの枠組みの議論

第3章で、アメリカ図書館協会(ALA)の傘下にある大学研究図書館協会(ACRL)が発表した「高等教育のための情報リテラシー能力基準」の定義が世界的に使われてきたことを述べた。また、日本ではその定義が定着しなかった事情について述べてきた。

世界の情報リテラシー概念をリードしてきたACRLは、2015年に新たに「高等教育のための情報リテラシーの枠組み」を発表し、これまでの定義を拡張した考え方について述べている。2000年の「基準」は、図書館を中心とした場で行う教育的な働きかけを前提にして情報リテラシーを定義していたが、この「枠組み」においては情報リテラシーを次のように定義している(ACRL 2015)。

> 情報を反省的に発見し、情報がどのように生産され価値づけられるかについて理解し、新しい知識を創造しかつ学習の共同体に倫理的に参加するのに必要な情報を利用する際に必要となる能力の総体

この定義に基づく「枠組み」の議論は、以前のものに比べて、より深いレベルで人間の認知と学習をとらえており、また広く社会的な知識形成過程をとらえている。その際に、図書館やデータベースを対象とした情報探索行動に限定せずに、日常的な学習や情報利用・創造の場における情報獲得の過程を想定している。そして情報生産の過程全体を問題にし、また価値の問題に踏み込んでいる。さらに、情報の探索についても反省的な態度について言及している。これらは、情報リテラシーが図書館あるいは図書館情報学の場から、教育学やコミュニケーション論の場での議論を前提とする学際的な領域の概念に拡張されたことを示している。

「枠組み」では、次の6つの概念が示されている。

・権威は構築されるもので、文脈をもつ
・情報創造を過程としてとらえる
・情報は価値をもつ
・探究活動としての調査研究
・対話としての学術活動
・戦略的な探究活動としての情報探索

情報が価値や権威と常に一体のものとしてあり、それを意識したり、それがつくられる過程そのものを知ったりすることが要求される。そのためには反省的あるいは批判的思考をもつことが主張される。また、対話やコミュニケーションを織り込みながら、きわめて多様な情報源を柔軟に評価しながらすすめる、研究調査的な視点を常にもつこともまた前提となっている。

こうした能力への注目は確かに、情報リテラシーを図書館畑からより一般的なものに解放するのに貢献するだろう。ただ、アメリカの図書館界はこれを図書館サービスあるいは図書館教育のキー概念として位置づけてきただけに、このように拡張することには抵抗もあり、この「枠組み」が公表されてからも議論が続いている。

高次リテラシーへ

情報リテラシーは、学習や調査研究の領域だけでなく、政府や自治体における政策決定やビジネスにおける意思決定など、社会のさまざまな局面に関わっている。また、情報行動が特定のメディアへの偏りを示すことからくるネット社会の脆弱性の議論が盛んになるなど、社会的に取り上げられることも増えている。２０１０年代後半になると欧米の情報リテラシー研究は、こうしたプロセスを教育効果として検討したり、その社会倫理的な意義を再検討したりすることでプロセス全体を社会的認識論（social epistemology）として再構成する段階に進みつつある。この領域は、知の正統性をどのように社会的過程として構築するのかを問題にする。その際に心理学、社会学、教育学、倫理学などのパラダイムと結びつけられ、学際的な領域として研究が展開されるようになっている（Gregory and Higgins 2013, Anderson and Johnston 2016, Sales and Pinto 2016）。

日本では、情報リテラシー概念の構築が不十分であり、それ自体が課題である。だが、その動きとは別に実践領域のリテラシーを問う議論が現れている。以前から、メディアリテラシーという用語が一般的に用いられてきた。これは、多種多様なメディアを読み解きそこから必要な情報を引き出し、その真偽を見抜き、活用する能力であるという理解がされており、情報リテラシーと近い概念である。強いて言えば、メディアリテラシーはメディア発信者の特性に焦点を当ててそれとの関係で受け取る側の情報受容の主体性を問題にするのに対して、情報リテラシーは発信者と受容者との相互関係およびそれらを媒介するメディアないしコンテンツの役割を強調する。しかしながらそれは重点の置き所の違い程度であるだろう。2013年にユネスコが「メディア情報リテラシーの政策・戦略ガイドライン」を発表して以来、「メディア情報リテラシー（media and information literacy）」のように統合した用語法も一般的になりつつある（Ingvaldsen and Oberg 2016）。

前にも触れたように、大学では学士力向上のためにリサーチリテラシー（研究／調査リテラシー）やアカデミックスキルズ、アカデミックリテラシー（学術／学問リテラシー）という表現が用いられてきた。比較的最近になると、健康リテラシーや医療リテラシー、政治リテラシー、科学リテラシー、文化リテラシーなどが人口に膾炙《かいしゃ》することが多くなっている。さらにこれらをまとめて高次リテラシーと呼ぶこともある。これらは情報リテラシーとどのような関係になるのだろうか。

そのときのキーワードはやはり批判的思考である。リテラシーは元来、テキストの読解力を意味する言葉として用いられてきた。テキストが20世紀後半のポスト構造主義思想において、経験や認識の過程に現れる表現の織物（すなわち本書の用語ではコンテンツ）という意味合いをもって語られるようになったときに、それ自体に批判的な要素をまとうようになった。この立場はテキストの読みはコンテクストや関係によって異なっていることを前提にしている。文学の読みに限らず、政治参加においても文化的経験においても、経験や行為そのものが織りなすテキストに当事者がどのように向かい合うのかが問われることになった。テキストを読み解くことによってしか正しい認識は得られず、それ故に判断や行為の正当性もテキスト読解に依存する。健康リテラシーなどの高次リテラシーと呼ばれるものは、こうした批判的思考をともなってコンテンツにアクセスする行為とそれに基づく判断、そしてその行動をもたらすノウハウやスキルということになる。

とすれば、これまで見てきた情報リテラシーと基本的にめざすところは共通している。教育学の楠見孝らは、特定の専門家のためのスキルやノウハウである研究リテラシーや学問リテラシーではなく、一般の市民にとって必要なリテラシーを総括して市民リテラシーと呼んでいる(楠見・道田 2016)。情報リテラシーをもつことは高次リテラシーや市民リテラシーを可能にするための条件の一つである。研究や学問はあらゆる人に開かれている。研究者などの利害関係者だけでなく、一般市民こそが情報リテラシー能力を用いて研究や学問にアクセスすることが重要である。

教育改革の課題

日本の近代化の過程では、欧米という目標を持ちながらそれに伍して社会を建設しようとした。そこには、国家的目標があり、それを前提とした教育や教養があって、知を効果的に配分する仕組みが用意された。このように知的枠組みが固定した状況のなかでは、なかなか批判的思考や探究的な学びは育っていかない。まして図書館の利用を前提とした情報リテラシーも要求されていなかった。しかし21世紀になって20年近くが過ぎた今、ようやく、一人ひとりが自分でものを考えるための機運がでてきた。前章で述べた入試改革とそれに伴う教育課程の改革がそれである。

それに伴いアクティブ・ラーニングの検討が中学や高校、そして大学でそれぞれ行われている。さらに予備校や学習塾でも、アクティブ・ラーニング対策が真剣に議論されている。このことは、制度化が多大なインパクトを与えることを示している。しかしながら、この動きが批判的思考や情報リテラシーを検討課題にしているのかどうかについては、疑問なしとしない。この改革は、単なる入試方法や学習方法の変革にとどまらないもっと根源的な問いかけを伴っているはずである。

これを実現するためには、これまで述べてきた入試改革や高大連結の検討に加えて、制度的な改革を伴う必要がある。日本の学校は世界的にみても教科数や授業コマ数が多く時間割が込みすぎていること、新しい教育方法や教育課程が提唱されるたびに付け加えられてますます学ぶべきことが増えていっていること、教員が教室での教育活動以外に部活やクラブ活動の指導やＰＴＡや地域教育への参加などの教室外の指導も含めて労働時間過多になっていることなど、外形的な課題の解決が必要である。

個々の授業のなかで学びが展開することが前提であり、教員も学習者もそこに集中するための条件づくりが課題になる。学習指導要領のないアメリカでの授業の運営は教員に委ねられていて、学習者が学びとったものはひとりひとりでかなり違っているのにもかかわらず、基本的な学習方法と学習意欲が身につけられればよいとしていることを思い出したい。国が学習指導要領や検定教科書などを通して、体系的な知の枠組みを提示することそのものの廃止を検討する時期に来ている。

もう一つは高等教育改革である。先にも述べたが、大学教員は教員としてのトレーニングを受けていない。これまで行われていた大教室での講義とゼミナール形式の授業という組み合わせでは、個々の授業でアクティブ・ラーニングを実行することが要求されてもできない可能性がある。だからこちらについても定着するまでに一定の期間が必要になるだろう。ただ大学教員は同時に研究者でもあるから、探究的な学びを自分で実践しているはずなので、それを教育に転換させることは比較的容易なはずである。大学教員こそ自身がもっている情報リテラシーを教育のために活かすべきなのだ。

大学の学習カリキュラムも込みすぎていることは確かである。今の大学の学習カリキュラムの大枠は１９９１年の大学設置基準の大綱化により、個々の大学の自発的な設定と自己評価過程により弾力的に運用を図ることになっている。とすれば、教育課程と教育方法の大きな変更を反映して、ひとつひとつの授業において実質的な学びができるようにすべきである。

今、日本の近代化過程で要求された知識観、教育観の大きな転換が必要になっている。枠組みを設定し、効率的にたくさん授業を組み込めば有効な教育が可能だというのはすでに過去の時代の考え方である。自ら学ぶための意欲と能力をもつことがあらゆる学びの条件になる。

だが、このような、人の思考活動に関わる大きな変更はすぐに結果が見えるものとはならない。こうした学習過程で学んだ子どもたちが社会に出て親になり、あるいはそのなかから教師になるものがでて、つまり世代が代わって本格的な効果がでるものである。だから、効果を見定めるためにはかなり長期の歳月が必要なのであり、そこまでの長い射程をもった改革を推進する覚悟が求められる。

3　インフラとしてのデジタル情報ネットワーク

知のネットワークとレファレンス

第3章で見た情報リテラシーの過程に戻ってみよう。書物や雑誌、あるいはネット上に含まれるコンテンツはデータとか情報とか知識と呼ばれるが、情報リテラシー過程においてはこれらが「事実」「情報」「理解」「知識」「知恵」として階層的過程の要素のひとつひとつとなっていた（61頁図6）。あるコンテンツがどれに当たるかは、受け取る方がそれをどのように受け止め、どのように用いるのかによって決定されるということだった。

情報リテラシーの構図で考えておくべきことは、知のコンテンツは相互に参照すべきネットワークになっていることの確認である。学術論文では必ず参照したり引用したりした文献（先行研究）や資料をリスト化して示す。これは、学術的な知が先行研究を土台にして自分の研究成果や知見を加えるものであるという相互了解があるからである。情報リテラシーの階層において、何らかの素材（コンテンツ）をもとに次の階梯に上ることにより、そのコンテンツをきちんと参照したり引用したりすることで、それが互いにどのような階梯に置かれたものであるのかが見えるようになり、知の構造が透けて見えやすいものになる。前に見たように、ウィキペディアはそれを前提に一つの大きな百科事典をつくる仕組みだ。同様に、学術論文に限らず日常的な知的作業はすべてこういうレファレンスのネットワークを目に見えるようにすることが原則である。

日本民俗学の開拓者とされる柳田國男は、大学を卒業し農商務省に任官して以来、全国の農村を歩きながら自分の学問の基礎をつくっていった。私的に郷土会を立ち上げた１９１０年に、彼は内閣書記官記録課長を兼務し内閣文庫の担当になる。内閣文庫は先に触れたように、江戸城の紅葉山文庫本をはじめとして、政府が所有する図書を集めて政府図書館をつくることを意図したものである。ここで書籍資料を管理し、また、自らも利用する体験は彼のその後の知的世界の構築に大きな影響を与えた。

柳田は、自らが足で歩いて見聞したものを書きとめたフィールドワークの記録の組織化を重視するだけでなく、そうした資料を蓄積して相互利用するための学術的な装置の重要性を早くから指摘していた。『定本柳田國男集』（全31巻・別巻5巻、筑摩書房、１９６２－１９７１年）は彼の膨大な著作全体を総覧できる全集であるが、最終巻（別巻5）は５００ページにわたる全著作の総索引となっている。これを使うことによって、彼の著作の個々の部分にアクセスすることが可能になる。

彼は、日本の学術が、その成果を競い、学説や学派をまとめて出版するということには力を入れていても、資料の共有や利用についてはあまり関心をもっていないことを批判した。総索引は彼の学問方法の基本に関わるものを目に見える形にしたものである。

歴史社会学者佐藤健二は、この柳田の書物や資料に対する見方の検討をもとにして、次のように述べる（佐藤 1987, p. 19）。

ひとはなぜ、自らの記憶とそれをつかいこなすために、それぞれに固有の索引をつくりあげなければならないのか。知がもつ本源的な力が、そうした関係性のなかにしか宿りようがないからである。つまり経験を引用する索引の構築過程こそが、分類わけであると同時に関係づけの実践であり、記憶とここで呼ぶ知の本体である。記されたもの、書かれたものとしての実在は、知るという実践を意味しない、その痕跡にすぎず効果にすぎない。むしろ、記すこと、書くこと、いや、読むことの形式こそ、知るという実践にとって本源的である。

情報リテラシーは、このような知の相互関係を示す索引（本書ではレファレンス＝参照行為）を利用し、痕跡にすぎないコンテンツをいかにひとりひとりの学び手が自分のものとして読み、書き、語るかを問題にしている。柳田國男は、その意味で日本的な知の世界が業績主義と啓蒙主義に浸っているのを見て、江戸以来の知のレファレンスによる実証主義を復権させようとした人ということができるだろう。彼の索引や引用の思想は、屋代弘賢『古今要覧稿』や塙保己一『群書類従』の系譜に連なるものである。

学習指導要領に基づく教育課程や国民的教養のように、伝えるべき知識の枠組みがあらかじめ決定されているという立場をとらず、これが柔軟に相互関係のなかでつくり出されるというのが情報リテラシーの考え方である。だからこそ、情報リテラシーを支援するための、図書館を中心とするコンテンツ利用のための知的装置の位置付けが重要になってくる。図書館は、国民的教養や学習指導要領の構図に取って代わるものとして、批判的思考を前提とした情報リテラシーを実現する装置である。

第5章で述べたように、日本での公立図書館の発展は1960年代以降にもちこされた。それから半世紀が過ぎて図書館はようやく社会において認知され始めている。これは、教育文化が社会に定着するのにかなりのタイムラグを伴うことを示している。とすれば、学校教育に図書館を組み込む過程にまた数十年の月日がかかることも覚悟しなければならない。

著作権という制度

日本の著作権法32条には「公表された著作物は、引用して利用することができる。この場合において、その引用は、公正な慣行に合致するものであり、かつ、報道、批評、研究その他の引用の目的上正当な範囲内で行なわれるものでなければならない」と明記してある。コンテンツのうち公表された著作物を利用するには慣行で行われている範囲においてしかできない。ここにある報道、批評、研究は決して専門家が行う行為に限定されているわけではなく、ネットでの発信、教室での発表や議論、サークルや会合の場などにおいてもあてはまるものである。引用は、それが著作物の一部からの引用であることが分かるように表示することが慣行になっている。著作物に書かれた表現や主張を要約して示す、参照についても引用にあたると考えられる。つまり、著作権法には、他者の知的コンテンツを利用する際のルールを規定しているという意味で、情報リテラシーの考え方が最初から含まれていたのである。

知的創造物である著作物は万人がアクセスできるようにすべきであるというのが情報リテラシーの前提にあった。しかしながら、著作物もまたビジネス取り引きの対象になる社会において、著作者の権利である複製権や貸与権、上映権、演奏権などは尊重される。とはいえ、それだとコンテンツ利用にあたってあまりにも窮屈であることから、法的に著作権が発生しない著作物があったり、著作権を制限する場合があったりする。著作物の引用や著作物の私的使用を目的とした複製、図書館における複製といったものがそれにあたるが、これらも一定の条件のもとに可能になる。

近年、ネット上のキュレーション・サイトと呼ばれる、情報を集めてまとめて示すサイトの無責任な運営が批判され、いくつかの問題が指摘された。一つは、それがネット上のさまざまなコンテンツを無断引用あるいは参照していたことである。これは著作権法上の違法行為になる。また、内容についての責任の問題もある。健康や医療、福祉などのコンテンツの編集において何らの専門知識も検証もなしに示すことで無用の誤解を与える可能性があったということである。コンテンツによってはスポンサーがついていて、特定の商品に導かれる可能性があった。つまり、情報リテラシーの考え方からいえば、まったくそれに反するものであったということである。

前にみたウィキペディアでも、項目によっては著作権侵害の可能性や誤った記述などのさまざまな問題を抱えているが、これには自らそれを修正していく仕組みが備わっている。しかしながらキュレーションの手法はそうした過程を省いて知を濫用する可能性をはらんでいた。ネット上の情報の信頼性は常に自らの情報リテラシー能力を最大に発揮して判断することでしか得られない。

紙の書籍と電子書籍の違い

15世紀に金属活字による活版印刷術が開始されて以降、大量部数出版がリテラシーの重要な要件になっていたことは確かである。書物および雑誌や新聞等が普及し、同一内容のものが多数印刷され、それが輸送網によって広い範囲で比較的安価に手に入ることになった。それに加えて、紙の印刷本のすぐれた点として、持ち運びのしやすさ、見開きによる一覧性と読みやすさ、ページを繰る行為によるコンテンツへのランダムアクセス性、保存性の高さ、精細な印刷技術による表現性などを挙げることができる。

これらの性質の一部はネット環境の発達によって電子書籍として実現されることになった。身近な機器で読めるという利便性は高く、配送のためのコストと速度に関しては紙の書籍には及びもつかないものがある。また、検索を通じて個々のコンテンツの部分に対するアクセス性も高い。だが、それ以外の性質については、紙のものを電子的なものに置き換えることは簡単ではない。

たとえば保存性は、普通に用いられているデジタルのファイル形式によって電子的に蓄積することができれば実現できそうに見えるが、ファイル形式や、磁気や電子メモリによる媒体にどれだけの寿命があるのかは疑問である。それもハードだけでなくソフトの寿命もある。時代が変わるとどちらも変化していくので古い形式のものを新しいものに変換したり、古い媒体から新しい媒体へ複製したりすることが必要になる。過去、音声や映像を記録した磁気テープやフィルムベースのメディアが新しく開発されるはしから古いものが使えなくなっていったことを考えてみればよい。

表現性、一覧性と読みやすさ、そして、ランダムアクセス性なども技術的に克服できそうにも見える。しかしながら、仮に可能になったとしてソフトウェア、ハードウェアの違いから紙の書籍が提供するものとは異なったものにならざるをえない。紙の本をパラパラめくって好きなページを眺めることは擬似的にシミュレートできるようになるかもしれないが、紙の質感をそのまま表現することは決してできない。

本に書き込まれているテキストは文字の集合体であり、直線的な連なりをもっている。しかしながら、読みは必ずしも直線的ではない。あるところまで読んで、もう一度前の関連する記述に戻って確認することがある。同時に複数のページを読み比べたいと思うこともある。結論部分やあとがきを最初に読んで、本文を読み始めることがある。知はコンテンツとコンテンツをつなぐネットワーク構造をもっているとを述べたが、私たちが本を読むときにはこのネットワーク構造を意識的無意識的に利用しているのである。

読むことは著者との対話であり、書く行為とは自分がもつ知のネットワークを直線的に表現することである。だから、書く際には自分が書いたものを常に参照している。まして未知の書き手のネットワークと対峙する読書においては、読み手は、著者の知のネットワークを再現するために参照行為を繰り返すことが必要になるわけだ。一貫したストーリー性をもったフィクションなら読みは直線的かといえばそうではない。いちいち前に戻らなくとも、物語的空間を自分のなかにネットワークとしてもちながらそれを参照しているのだ。

だからこそ参照する際にページをめくるという行為は何よりも重要になる。それがぱらぱらと思ったようなページにいければよい。これがスムースにいかないとネットワークをつくることができない。もちろん目次や索引はこうした読みを支援するための工夫である。今のところ電子書籍は、連続的な版面を提供し、目次や索引を用いたアクセス機能には優れているが、そうした身体的な参照行為をシミュレートすることはできていない。このように、電子書籍と紙の書籍は似て非なるものである。

デジタル時代における「本」

印刷本はすでに700年の歴史をもつメディアであるのに対して、電子書籍はできたばかりのものであり、それも本の部分的なシミュレーションにすぎないのだ。今後もコンテンツと市場に合わせて、電子書籍だけのものと紙の書籍だけのもの、そして両方が出るものが併存する状況が続くだろう。それは、パッケージビデオやネットワークビデオが現れてどこでも映画作品が見られるからといって、映画館での映画鑑賞行為がなくなってはいないことと類似のことである。

電子書籍で重要なのは誰でもが発信者になれることである。以前にも自費出版はあったのだがその流通範囲は狭く、一般的に書籍出版は編集者があいだに入ることで行われてきた。紙の出版には一定の費用がかかるから、そのコンテンツとしての質と市場的価値を見極めて投資するのが編集者および出版者の役割である。他方、電子書籍は多くの費用をかけずとも、著者が直接、発信することが可能である。

それにより、ネット上に無数の電子書籍が生み出されることになった。ネット上に発信されるコンテンツはすべて電子出版物と言ってよい。オンライン小説やブログ、ソーシャル・ネットワーキング・サービス、電子掲示板、写真、音楽、動画の共有サイトなどである。そこにおいては、種類（テキスト、画像、音声、動画、そしてそれらの組み合わせ。さらにそれぞれ複数のファイル形式がある）、提供形式（ファイルのダウンロードかストリーミングか）、長いか短いか、名義（実名・ペンネーム、匿名）、有料・無料、閲覧方法などにかかわらず、きわめて多様なコンテンツがある。これらを書籍という人はいないが、書き言葉の塊である書籍と他の表現によるコンテンツのあいだに明確な境目はなくなりつつある。

書籍のコンテンツがデジタル情報空間に溶け出したのだとも言えるが、それでも紙の書籍と対応する電子書籍は存在している。そうした電子書籍を読むためのハードウェアは、スマートフォン、電子タブレット、PC、そして専用端末であるが、いずれも一長一短があってどれが主流になるのかはっきりしない段階である。こうしたことを考えると、電子的な商業出版物を市場に載せるのはたいへん難しい。

図書館は商業的な電子書籍出版にとっても一定の市場を形成することになるだろう。紙の出版物は再販制の縛りがあって、図書館のように同一書に複数の読み手の存在が想定されるものでも、同一の市場価格で提供されていた。だから、図書館が複本を置いて無料で大量の貸し出しをすることに批判が向けられた。しかしながら、電子書籍については再販制の縛りがとれてその利用形態(館内利用か、地域の利用者もオンラインで利用可能か)に応じた契約料を課すことができる。これにより、公的あるいは共同的な機関としての図書館は、それなりの購読料を支払って、これを利用者に提供する。図書館が、デジタルネットワーク社会における書籍供給においても一定の役割を果たすわけだ。すでに紙の書籍出版でも、図書館の購入をみこんだ市場が形成されている領域が学術書や児童書などに見られるが、今後、その領域はもっと増えていくのだろう。

ライブラリーとアーカイブ

ライブラリーは図書館、アーカイブは文書館と訳すのがふつうだ。どちらも資料を収集・蓄積して利用に供する施設であるが、違いは、図書館が複製資料であるのに対して文書館は1点しかないオリジナル資料というところにある。ところがこれがデジタルライブラリー、デジタルアーカイブというとどこが違うのかわかりにくくなる。

これは、デジタル化した時点でオリジナルな資料も複製になるからである。現在では両者を区別しないで使う場合が多い。だが、実はこの区別はデジタル化以前でもあやふやなものだった。図書館がオリジナル資料をもち、文書館が印刷物などの複製資料をもつことも一般的なことである。両者の区別は程度問題であり、その目的に応じて制度的に異なったものが生じたにすぎない。何度か触れた江戸城の紅葉山文庫は将軍家の図書館と文書館を兼ねる機関であったが、明治以降の新体制のなかでそのコレクションは帝国図書館には収められず、内閣文庫が引き受け最終的に国立公文書館になった。

資料を扱う機関の相互性は博物館にも及んでいる。ロンドンの大英博物館は考古学、民族学、美術品等々の物品の博物館であるが、もともとここには図書資料が置かれていて有名な閲覧室もあった。現在、そのコレクションはブリティッシュライブラリー（英国図書館／大英図書館）として別の場所にある。もとになった王家のコレクションには区別なく珍しいもの貴重なものが集められて収蔵されていたが、市民革命のあとに国立の博物館になり、そこからさらに図書館が分離したものである。

アメリカでは、歴代の大統領が退任後、大統領図書館がつくられることが慣例化している。この大統領図書館は、通常、歴代の大統領の仕事に関わる資料は、文書・記録であろうが、図書であろうが、他国の首脳から送られた記念品であろうが何でも集めておくことが一般的である。このように、図書館、文書館、博物館はもともと一体的に扱われたし、今でも区別は便宜的である。

デジタル化された原資料についてデジタルアーカイブという表現が使われることが多いのには理由がある。アーカイブの語幹にある archi- はもともと「一番目のもの」を意味する古代ギリシア語アルケーから来ていて、アーカイブという言葉には権力の源泉とか権威者に属するものという意味が含まれている。アーカイブが執務のオリジナルな記録をそのまま保持するのは、それがその意味での権威を保持するのに寄与するとともに、その権威のありようを検証することを可能にするからである。

権威は最初のものに戻ることによってしか得られない、というのがアーカイブの思想である。文書館、とくに公文書館が権威の保持と検証という一見すると相反するように見える機能を付与されているのは、最初に戻ることでしか歴史をつくりだせないからだ。アーカイブは歴史的制度的な正統性担保の装置であるのだ。明治政府が、紅葉山文庫の資料を帝国図書館で公開せず、行政府直轄の内閣文庫で管理していた理由もそこにあるだろうし、戦後に国立公文書館に移されたことの意義も理解できる。

デジタルライブラリーもデジタルミュージアムもデジタルアーカイブも基本的には同じものである。オリジナルな文書も印刷物も、デジタル化するための手法はそれぞれであるにしても、いったんデジタル化してアーカイブ化すれば一元的に管理することができる。これは単にコンテンツをコピーして無制限に配布する行為とは異なる。そこには権力や権威や知的生産の生成過程を保持し、それを再現することで、何らかの権威や権限が付与されることが含意されている。

情報リテラシーを推進する立場からいえば、これまで別々の機関で扱われ、そこに行かなければ見たり手にとったりできなかったものが、ネットを通じてそうした「アーカイブ＝正統性の担保の場」にアクセス可能になっていることが重要であるだろう。これらは、事実を情報に、情報を理解に、理解を知識に、知識を知恵に高めるための素材を提供してくれるものだからだ。

図書館や文書館、博物館は、それ自体が物としての原資料を収集することはもとより、組織化し、保存し、提供や展示によってそれを提示することにより、コンテンツを相互利用するためのアーカイブとなる。デジタル化されれば、それらはさらに利用しやすいツールになる。情報リテラシーのための最良の仕組みであるが、日本人はその作用にこれまであまりにも無頓着であった。それらの機関の働きであるレファレンスを通じて、知が体系的であるとともに相互的、輻湊《ふくそう》的に構築されているることを見て見ぬふりをしてきたからである。だが、インターネット世界のビジネスにおける市場的論理と匿名性の暴力が、近代的な知のあり方を破壊しつつある状況に気づくときこそ、再度、人類が蓄積してきたアーカイブを再認識・再構築すべきときであるのだ。

4　情報リテラシー装置を使いこなせたか

これまでのまとめ

本書で筆者は、情報リテラシー過程とは、事実が情報、理解、知識、知恵に変換される一連の過程であり、その変換自体と変換のための知的コンテンツ利用の重要性を説いてきた。私たちは、この過程を通じて自ら情報、理解、知識、知恵を得て、これを互いに交換したり、外部に公表したりする。ある人が公表したものが別の人にとって情報源として利用可能になっている。そうしたコミュニケーションが社会的な情報リテラシー過程ということになる。

もう一度本書全体を振り返ってみよう。第1章はまったくの個人的な気づきから始まって、情報リテラシー概念の必要性を論じた。第2章と第3章は、情報リテラシーを知のレファレンス関係を学ぶ行為ととらえて、これを重視しない日本的な理解の限界について述べた。第4章と第5章は、日本の近世＝近代における文字＝文書社会の発展を探り、人々の知識へのアクセスのパターンのありようと明治以降の統制的な知識観の生成の事情とを見た。第6章と第7章は、情報リテラシーを推進するための装置である図書館の社会的認知が比較的最近になって起こってきたことを述べ、専門職としての図書館員の配置が十分に行われていないことを論じた。第8章では、日本社会の課題となっている入試改革、教育改革で取り組まれるべき点は情報リテラシーの考え方と密接に関係しており、図書館改革を同時に進める必要があることを論じた。

筆者自身にとってこの領域は、気にはなっていたがこれまで自分の研究の周辺部分にあって踏み込んでいなかった。だが、教育改革が進みつつある今の時点でこそ書くべきだと考えて、筆者なりの情報リテラシーのスキルを使って書いたものだ。

その際に、自分なりの見方を提示できたのではないかと思われるのは、第一に、日本において情報リテラシーがきわめて中途半端にしか理解されていなかったことと図書館の社会的認知の遅れとが対応していたことの指摘である。第二に、情報リテラシーは、批判的思考の習得とともに今の教育改革の課題のきわめて基盤的な部分を構成しているという指摘である。情報リテラシーは教育課程、学習方法、教育評価、入学試験など学校教育、大学教育の根幹と関わっている。第三に、情報リテラシーを学校や大学の教育課程に位置づけることは、巡り巡って、市民の情報リテラシーの向上をもたらし、市民リテラシーやネットリテラシーといった課題を解決するのに貢献するということである。第四に、知のレファレンス関係はネットや図書館をはじめとするアーカイブ装置に仕込まれているのだが、それらを使いこなすために情報リテラシーが必要だということである。

情報リテラシーを考えるための情報リテラシー

本書は筆者が研究してきたこと、研究生活で感じたこと、見聞きしてきたこと、他の人の書いた著作や論文等々を素材にして、情報リテラシーをテーマに考えてきたことを著わそうとさまざまな知的コンテンツを探った記録である。この本の執筆の取り組み自体が情報リテラシーに支えられている。その発端は第1章で示唆した通りであるが、その後の執筆においても、他分野の現状や研究の概要を参照したり、ネット上にある情報を入手したり、図書館の資料を見たりする際に、情報リテラシーを駆使することになった。

コンテンツ表示系のツールとしては、ネットにあるグーグルサーチとウィキペディアの2つは常時使用した。また、手元にある平凡社『世界大百科事典』と電子辞書にある『ブリタニカ国際大百科事典』、その他の辞書・事典も折に触れて参考にした。書誌参照系のツールとしては、所属大学の図書館目録KOSMOSや大規模な書誌データベースであるアマゾンの書籍検索サイト、国立国会図書館の論文・図書検索サイトNDL Search、学術論文の検索サイトである国立情報学研究所のCiNiiなどがとくに頻繁に使用したものである。こうしたツールを使う場として、そして参照されたコンテンツを使う場として、インターネットや自分自身の蔵書だけでなく、所属大学の図書館、それから国立国会図書館と東京都立中央図書館のコレクションを頻繁に利用した。

参照した文献に含まれる他文献への参照は、さまざまな思索上の新しい発展をもたらすものであった。知のネットワークにおける参照の連鎖は自分でつくるものであることを改めて実感した。自分の蔵書は自分の関心から集められたものであり、自分の関心に沿って並んでいるから使いやすく、思考の出発点になる。すでに読んでいたものも新たな観点から読み直すことになり、読もうとして買っても後回しにしていた本を新たに読んだ。図書館蔵書はもっと広く汎用性のある分類体系に沿って並んでいるから、視野を広げてくれる。本の並びを俯瞰しそして一冊一冊を手に取ってひろげてみることで、新しい問題意識から互いに関連づけて考察することが可能になり、情報リテラシーに基づく知の参照過程が始まることを実感した。棚の近くに並んでいる本と出会い、それが役に立ったという経験は学生時代以来のものであった。これは、研究者として新しいテーマに取り組んだことで改めて気づかされたのである。

知は知を呼ぶ。知の呼び声を聞くのに最適な場所を自分なりに探すべきである。人によってそれは書店かもしれないし、図書館かもしれない。博物館、美術館かもしれない。自分の書棚の本も実は再読を待っているかもしれない。インターネットには無数のコンテンツがアクセスされずに置かれている。

これまでの学校教育は知の呼び声を聞かないふりをして続けられてきた。だが、大学教育が学歴競争の終点である時代はすでに終わっている。初等中等教育で情報リテラシーを活かした学びを行うことでしか、大学教育、ひいては社会生活への接続はうまくいかない。さらに、生涯学習も豊かなものにならない。

筆者のこの経験は、情報が個人蔵書だけでなく、デジタル時代となり、図書館が整備され、ネット上に数々のデータベース、サイト、アーカイブが存在する現在、情報リテラシーを使うためのトレーニングを受けることで、誰にでも追体験可能なことなのである。私たちは今、社会全体の情報リテラシー装置の構築と情報リテラシー教育の導入を進める絶好の機会を迎えている。

引用／参照文献

はしがき

フーコー、ミシェル『フーコー・コレクション2　文学・侵犯』小林康夫他編、筑摩書房、2006年
ボルヘス、ホルヘ・L『伝奇集』鼓直訳、岩波書店、1993年
マングェル、アルベルト『読書の歴史――あるいは読者の歴史』原田範行訳、柏書房、1999年
マングェル、アルベルト『図書館――愛書家の楽園』野中邦子訳、白水社、2008年

第1章　「エウリディケを冥界から連れ出すオルフェウス」

白石学編『かたち・色・レイアウト――手で学ぶデザインリテラシー』武蔵野美術大学出版局、2016年
バッテル、ジョン『ザ・サーチ――グーグルが世界を変えた』中谷和男訳、日経BP社、2005年
深川雅文『光のプロジェクト――写真、モダニズムを超えて』青弓社、2007年

第2章　読書大国からネット社会へ

アスリーヌ、ピエール他『ウィキペディア革命――そこで何が起きているのか?』佐々木勉訳、岩波書店、2008

年
ヴァイディアナサン、シヴァ『グーグル化の見えざる代償――ウェブ・書籍・知識・記憶の変容』久保儀明訳、インプレスジャパン、２０１２年
楠見孝・道田泰司編『ワードマップ　批判的思考――21世紀を生きぬくリテラシーの基盤』新曜社、２０１５年
『ＯＥＣＤ生徒の学習到達度調査』国立教育政策研究所、２０１６年（http://www.nier.go.jp/kokusai/pisa/pdf/2015/03_result.pdf）
鈴木健他編『クリティカル・シンキングと教育――日本の教育を再構築する』世界思想社、２００６年
森大二郎『検索エンジンはなぜ見つけるのか――知っておきたいウェブ情報検索の基礎知識』日経ＢＰ社、２０１１年

第３章　情報リテラシー教育の必要性

飯島史朗・石川さと子『生命科学・医療系のための情報リテラシー――情報検索からレポート、研究発表まで』第２版、丸善出版、２０１５年
稲井達也編著『授業で活用する学校図書館――中学校・探究的な学習を目ざす実践事例』全国学校図書館協議会、２０１４年
海野敏・田村恭久『情報リテラシー』オーム社、２００２年
奥野宣之『図書館「超」活用術――最高の「知的空間」で、本物の思考力を身につける』朝日新聞出版、２０１６年
佐藤彰一・中野隆生編『フランス史研究入門』山川出版社、２０１１年
佐藤望編著『アカデミック・スキルズ――大学生のための知的技法入門』第2版、慶應義塾大学出版会、２０１２年
塩谷京子・堀田龍也編著『司書教諭が伝える言語活動と探究的な学習の授業デザイン』三省堂、２０１３年
寺尾隆監修『図書館徹底活用術』洋泉社、２０１７年
日本図書館協会図書館利用教育委員会編『情報リテラシー教育の実践――すべての図書館で利用教育を』日本図書館

協会、２０１０年
いしかわまりこ・藤井康子・村井のり子『リーガル・リサーチ』第5版、日本評論社、２０１６年
宮内泰介『自分で調べる技術——市民のための調査入門』岩波書店、２００４年
ACRL, *Information Literacy Competency Standards for Higher Education*, 2000, ALA.（http://www.ala.org/acrl/standards/informationliteracycompetency）
Eisenberg, Michael B. et al., *Information Literacy: Essential Skills for the Information Age*, 2nd ed., Libraries Unlimited, 2004.
Zurkowski, Paul G., *The Information Service Environment Relationships and Priorities*, Related Paper No. 5., National Commission on Libraries and Information Science, Washington, D.C., National Program for Library and Information Services, 1974.

第４章　文化史的背景

梅村佳代「近世における民衆の手習いと読書」、若尾政希編『書籍文化とその基底』平凡社、２０１５年、１２５－１５３頁
岡村敬二『江戸の蔵書家たち』講談社、１９９６年
小野則秋『日本図書館史』蘭書房、１９５２年／補正版、玄文社、１９７０年
小野則秋『日本文庫史研究』上下、臨川書店、１９７９年（上巻は大雅堂１９４５年版の復刻）
大石学『江戸の教育力——近代日本の知的基盤』東京学芸大学出版会、２００７年
鈴木理恵「近世後期の教育環境としての漢学塾」、若尾政希編『書籍文化とその基底』平凡社、２０１５年、２９１－３３２頁
須山高明「地方城下町の本屋」、横田冬彦編『出版と流通』平凡社、２０１６年、69－１０８頁
高橋敏『江戸の教育力』（ちくま新書）筑摩書房、２００７年

長澤孝三『幕府のふみくら――内閣文庫のはなし』吉川弘文館、２０１２年
長友千代治『江戸時代の図書流通』佛教大学通信教育部、２００２年
橋口侯之介『続和本入門――江戸の本屋と本づくり』平凡社、２００７年
尾藤正英『日本文化の歴史』（岩波新書）岩波書店、２０００年
前田勉『江戸の読書会――会読の思想史』平凡社、２０１２年
横田冬彦編『出版と流通』平凡社、２０１６年
横田冬彦編『読書と読者』平凡社、２０１５年
ルビンジャー、リチャード『日本人のリテラシー　１６００−１９００年』川村肇訳、柏書房、２００８年
若尾政希編『書籍文化とその基底』平凡社、２０１５年

第５章　近代文字社会における図書館

石山洋『源流から辿る近代図書館――日本図書館史話』日外アソシエーツ、２０１５年
苅部直『移りゆく「教養」』ＮＴＴ出版、２００７年
熊田淳美『三大編纂物　群書類従・古事類苑・国書総目録の出版文化史』勉誠出版、２００９年
田村俊作・小川俊彦編『公共図書館の論点整理』勁草書房、２００８年
前田愛『近代読者の成立』有精堂出版、１９７３年／岩波書店、１９９３年
永嶺重敏『〈読書国民〉の誕生――明治30年代の活字メディアと読書文化』日本エディタースクール出版部、２００４年
塩見昇『知的自由と図書館』青木書店、１９８９年
筒井清忠『日本型「教養」の運命――歴史社会学的考察』岩波書店、１９９５年

第6章　図書館と図書館員
大城善盛・山本貴子『21世紀の図書館職員の養成――アメリカとオーストラリアを事例に』日本評論社、２０１６年
中村百合子他編著『図書館情報学教育の戦後史――資料が語る専門職養成制度の展開』ミネルヴァ書房、２０１５年
日本図書館情報学会研究委員会編『図書館情報専門職のあり方とその養成』勉誠出版、２００６年
根本彰編『情報資源の社会制度と経営』東京大学出版会、２０１３年
Liddy, Elizabeth D., "iSchools & the iSchool at Syracuse University," Chuanfu Chen, Ronald Larsen eds., *Library and Information Sciences: Trends and Research*, Springer-Verlag, 2014.

第7章　図書館と博物館を比較する
君塚仁彦・名児耶明『現代に生きる博物館――これからの博物館を考えるために』有斐閣、２０１２年
利根川樹美子『大学図書館専門職員の歴史――戦後日本で設置・教育を妨げた要因とは』勁草書房、２０１６年
日本図書館情報学会研究委員会編『学校図書館メディアセンター論の構築に向けて』勉誠出版、２００５年
橋本鉱市編著『専門職の報酬と職域』玉川大学出版部、２０１５年
橋本鉱市編著『専門職養成の日本的構造』玉川大学出版部、２００９年

第8章　大学入試改革と学習方法・カリキュラム
稲垣信子『理想の学校図書館』筑摩書房、１９９５年
川口マーン惠美『住んでみたドイツ　8勝2敗で日本の勝ち』講談社、２０１３年
教育課程研究会編著『「アクティブ・ラーニング」を考える』東洋館出版社、２０１６年
桑田てるみ編著『思考力の鍛え方――学校図書館とつくる新しい「ことば」の授業』ＩＴＳＣ静岡学術出版事業部、２０１０年
全国学校図書館協議会フランス学校図書館研究視察団編『フランスに見る学校図書館専門職員――ドキュマンタリス

ト教員の活動』全国学校図書館協議会、２０１２年
東京大学教育学部附属中等教育学校編『生徒が変わる卒業研究――総合学習で育む個々の能力』東京書籍、２００５年
中島さおり『哲学する子どもたち――バカロレアの国フランスの教育事情』河出書房新社、２０１６年
成田康子『高校図書館――生徒がつくる、司書がはぐくむ』みすず書房、２０１３年
根本彰編著『探究学習と図書館――調べる学習コンクールがもたらす効果』学文社、２０１２年
読売新聞教育部『大学入試改革――海外と日本の現場から』中央公論新社、２０１６年

第９章　情報リテラシーの回路

楠見孝・道田泰司編『批判的思考と市民リテラシー――教育、メディア、社会を変える21世紀型スキル』誠信書房、２０１６年
佐藤健二『読書空間の近代――方法としての柳田国男』弘文堂、１９８７年
高野明彦監修『検索の新地平――集める、探す、見つける、眺める』ＫＡＤＯＫＡＷＡ、２０１５年
松井茂記『図書館と表現の自由』岩波書店、２０１３年
ACRL, *Framework for Information Literacy for Higher Education*, ALA, 2015.（http://www.ala.org/acrl/standards/ilframework）
Anderson, Anthony and Bill Johnston, *From Information Literacy to Social Epistemology: Insights from Psychology*, Chandos Publishing, 2016.
Gregory, Lua and Shana Higgins eds., *Information Literacy and Social Justice: Radical Professional Praxis*, Library Juice Press, 2013.
Ingvaldsen, Siri and Dianne Oberg eds., *Media and Information Literacy in Higher Education: Educating the Educators*, Chandos Publishing, 2016.

Sales, Dora and Maria Pinto eds., *Pathways into Information Literacy and Communities of Practice: Teaching Approaches and Case Studies*, Chandos Publishing, 2016.

索引

さ行

な行

は行

ま行

著者略歴

（ねもと・あきら）

1954年福島県生まれ．1984年東京大学大学院教育学研究科修了．専門は，図書館情報学，教育学．図書館情報大学，東京大学大学院教育学研究科を経て，現在，慶應義塾大学文学部教授．著書に，『理想の図書館とは何か——知の公共性をめぐって』（ミネルヴァ書房，2011）『探究学習と図書館——調べる学習コンクールがもたらす効果』（編著，学文社，2012）『シリーズ図書館情報学』全3巻（編著，東京大学出版会，2013）などがある．

根本 彰
情報リテラシーのための図書館
日本の教育制度と図書館の改革

2017年12月1日　第1刷発行

発行所 株式会社 みすず書房
〒113-0033 東京都文京区本郷2丁目20-7
電話 03-3814-0131(営業) 03-3815-9181(編集)
www.msz.co.jp

本文組版 キャップス
本文印刷・製本所 中央精版印刷
扉・表紙・カバー印刷所 リヒトプランニング

ISBN 978-4-622-08650-5
[じょうほうリテラシーのためのとしょかん]

知の広場 図書館と自由	A. アンニョリ 萱野有美訳 柳与志夫解説	3400
拝啓 市長さま、こんな図書館をつくりましょう	A. アンニョリ 萱野有美訳	2800
高校図書館 生徒がつくる、司書がはぐくむ	成田康子	2400
図書館に通う 当世「公立無料貸本屋」事情	宮田昇	2200
書物と製本術 ルリユール／綴じの文化史	野村悠里	7500
書物の中世史	五味文彦	6400
東アジア人文書100	東アジア出版人会議	2400
幕末的思考	野口良平	3600

（価格は税別です）